O Cérebro Com Disciplina: Alcançando O Autocontrole E A Paz De Espírito

Mark Nelson

Conteúdo

Introdução 1

Uma Mente Indisciplinada É Uma Mente Fraca 8

Especialistas Em Distração 18

Onde Começam As Distrações? 36

Estados Mentais E Os Problemas Mais Comuns 48

Os Caminhos Para A Blindagem Emocional 72

Reação Inteligente: Criando Relacionamentos Saudáveis
.... 83

Metas Para Desenvolver O Autocontrole............... 95

Organização, Coragem E Disciplina.................... 126

Agora Você Tem O Poder 147

Conclusão 154

Introdução

Explicar a mente humana não é tarefa fácil. Durante séculos, pensadores, cientistas e filósofos vêm tentando encontrar a melhor forma de defini-la. a mente é transcendental, subjetiva, abstrata? Será interno, alojado em qualquer compartimento do cérebro; ou coletivo externo, como uma rede de telecomunicações sem fio? Essas e outras perguntas me fizeram mergulhar no tema.

Há muito tempo venho estudando a mente humana e todas as vezes que precisei explicar para alguém não o fiz com palavras, porque é muito difícil explicar só com esse recurso. Se você, por exemplo, me pedisse para explicar essa fabulosa faculdade humana, eu certamente o faria em palavras sim, mas também esboçaria um desenho. O projeto seria uma grande tenda de circo com as laterais abertas, permitindo ver tudo o que acontece no interior. Debaixo da lona, no centro do circo, teria - como seria de esperar - uma enorme arena, onde o espetáculo da vida mental se desenrolaria na presença de um único espectador, sentado na única cadeira existente. E esse espectador solitário seria você.

E se eu pudesse falar sobre as atividades que acontecem dentro desse circo chamado mente, eu daria mais ênfase às emoções, que seriam os artistas da arena. Não poderia deixar de citar, no entanto, a memória, o raciocínio e os pensamentos da equipe de bastidores que trabalha duro e apoia o show mental do ringue. Em algumas ocasiões, esta fabulosa arena parecia vazia. No entanto, na maioria das vezes ele estaria ocupado, completamente agitado, como se o apresentador, o trapezista, o malabarista, os palhaços, as feras e os dançarinos entrassem todos ao mesmo tempo,estimulando, assustando, animando, confundindo, irritando e cansando o espectador solitário.

Um circo. Esta é a melhor maneira de explicar a mente do cidadão contemporâneo. Mente inquieta, com pensamentos desconectados, desorganizados e viciosos. Total falta de foco. Um roteiro mental repetitivo que só serve para sugar as energias e tem produzido na vida das pessoas mais decepções do que conquistas. Um circo caótico em que foco, silêncio e criatividade deram lugar à ansiedade, medo e decepção. E isso não está certo.Conversei com muitas pessoas e percebi que a humanidade está cada vez mais à beira do precipício com a mente, ou melhor, por causa dela, por isso me motivou a escrever este livro. Afinal, infelizmente, vejo jovens cheios de energia, inteligentes, inovadores, com potencial para ajudar muitas pessoas, mas perdidos quando precisam agir. Homens e mulheres com um futuro promissor, mas com ideias que não decolam, com ideais que nada mais são do que boas intenções. Uma geração que perde a cada dia a velha capacidade de realmente "mãos à obra", que traça muitos projetos, faz muitas reuniões, toma decisões estratégicas, mas não tem força moral para colocar nada em prática, não tem poder para levar Fora.

São pessoas com mentes incríveis que estão desperdiçadas em processar eventos triviais e repetitivos, como checar constantemente a caixa de mensagens do celular, se o cabelo está bagunçado, se a roupa está amassada; são pessoas ansiosas, que imploram pela atenção de alguém por meio de uma curtida ou um comentário em uma foto que acaba de ser publicada na internet. É uma desordem interna, que se reflete em dias cada vez mais curtos e confusos, tarefas sempre atrasadas e projetos incríveis que não voam mais alto que a gaveta de cima de uma mesa. Você consegue visualizar essa situação?

Hoje, principalmente nas grandes cidades, é raro encontrar alguém que vive momentos de paz de espírito; momentos em que é possível concentrar e direcionar a energia e o foco na realização de tarefas realmente importantes. Os poucos lapsos de consciência e clareza sobre as prioridades que muitas pessoas experimentam geralmente acontecem no lugar errado no pior momento possível. Você deve ter tido uma ideia fantástica, um insight criativo, ou lembrado de uma ação que deveria ter sido tomada imediatamente, mas você estava no chuveiro, dirigindo ou até mesmo durante o sexo. Vamos encarar, nessas horas você não pode simplesmente largar tudo, fugir e fazer o que deve ser feito. Nesses momentos, nos sentimos totalmente sabotados pela mente. Na verdade, não apenas nesses momentos, mas o tempo todo. Quando a mente não

Talvez você tenha experimentado em algum momento o que chamo de inferno mental. Há aqueles momentos em que a mente produz um volume de pensamentos inúteis e desconexos tão insuportavelmente grandes que parece que você vai enlouquecer. São pensamentos em uma série que oscila entre o bem, o mal, o otimista, o pessimista, o sensual, o egoísta, o egocêntrico, o solícito, o arrogante, o autodepreciativo, o autoritário.

Alguns são carregados de humor, outros de tristeza; aparece um de simpatia, outro de apatia, depois aparecem aqueles que remoem frustrações, preocupações, tristezas, medos... Nesses momentos, a mente parece uma televisão em 24 horas ininterruptas que mostra programas de todos os tipos, gêneros e intensidades. Para piorar a situação, quando você não tem nenhum pensamento orbitando sua cabeça, uma música irritante aparece.

O fato é que o que parece loucura, hiperatividade, esquizofrenia, dupla personalidade muitas vezes é, na verdade, uma falta de autocontrole, uma total incapacidade de administrar distrações que só param quando, no final da noite, exausto, você cai dormindo... logo acorda com o despertador. E todos nós já passamos por isso não apenas uma vez, mas centenas de vezes. Conheci pessoas que nasceram, viveram e morreram escravas ou por causa da mente. Confesso também que durante muito tempo fui escravo da minha mente; porém, com muito policiamento, conhecimento e técnicas, dia a dia tenho conseguido me libertar das armadilhas dos pensamentos desconexos. Como todo ser humano, tenho pontos fortes e muitos defeitos. Sou útil em algumas situações, mas altamente egoísta em outras. E quem não é? No entanto, com o meu desenvolvimento, muita coisa já mudou. Fiquei muito melhor depois que aprendi a gerenciar minhas distrações. A disciplina e o autocontrole me ensinaram, de forma exemplar, a perscrutar, conhecer e interagir com minha mente. Afinal, da mesma forma que pode ser um fardo, se entendido pode ser sua melhor fonte de inspiração, o ambiente de legítima paz de espírito. Hoje eu posso ver o tempo passar em câmera lenta.

Talvez você ainda não tenha percebido, mas existe uma batalha invisível que travamos diariamente na tentativa de trazer a mente para o nosso lado. Às vezes, sentimos que poderíamos ter feito esse trabalho melhor, nos dedicado mais aos nossos semelhantes, ou feito a coisa certa para não perder uma oportunidade. Se a mente é um anel, somos nós que devemos comandar o show. Então, por muito tempo, decidi me dedicar ao estudo da mente, para aproveitar ao máximo os benefícios desse conhecimento — e agora compartilho com vocês minhas descobertas. Conhecer a mente será seu maior patrimônio. Se você deseja aumentar sua capacidade de se concentrar e brilhar nas etapas da vida, esta é a aventura que proponho com este livro.

Não quero ser pretensioso dizendo que destranquei a mente humana, essa caixa preta infinita e enigmática que nos acompanha. Acredito que nenhum homem jamais chegou perto de entendê-la completamente. Minha intenção é mais modesta, mas não menos ousada e útil. Acredito que poderei contribuir para o seu desenvolvimento através das linhas deste livro, ajudá-lo a conhecer e preparar a arena; Vou colocar o roteiro em suas mãos e mostrar o caminho para uma excelente atuação. Vou apresentar ótimas dicas de como conquistar o que vivencio todos os dias e que tem sido cada vez mais um "objeto de desejo" do ser humano: autocontrole, paz de espírito.

Como eu disse, muitas vezes me senti um escravo da mente, mas hoje sou eu quem dá as ordens. Aprendi a não reprimir, esconder, neutralizar ou combater pensamentos negativos, fracos, inadequados. Eu uso uma nova abordagem, a de compreender sua natureza, descobrindo suas origens e abraçando-as. Ao fazê-lo, vi muitas vezes da minha cabine a pulverização de suas influências negativas que, se não fossem contidas no tempo, poderiam ter determinado meu destino desfavoravelmente. Com isso, posso dizer que hoje vivo em paz com minha mente e pensamentos. Sem falsa modéstia, administro com excelência esses anjos e feras que se apresentam no mesmo ringue. O que as pessoas mais próximas chamam de paciência, meus colegas de trabalho chamam de calma; meus amigos, sorte; alguns especialistas, da lei da atração, e minha esposa, de um jeito divertido, de sangue de barata, eu chamo de autocontrole, equilíbrio,

Aprofundar-se em si mesmo e conhecer sua própria mente permitirá que você experimente o que é meu lema hoje e que quero compartilhar com o maior número possível de pessoas: o cultivo da paz de espírito. Com a mente a seu favor e não contra ela, é possível realizar feitos incríveis, como relacionamentos fantásticos, bens materiais que você sempre quis e, acima de tudo, uma vida plena, presente, contemplando cada minuto desta curta jornada que temos em Terra.Acredito que já conquistei muitas coisas importantes e valiosas na vida de um homem, como um ambiente familiar estável, equilibrado e amoroso, uma profissão em que me sinto realizado e uma situação financeira confortável. Aprendi a gerenciar distrações, direcionar o show de mente e canalizar minhas energias para fazer as escolhas certas. Agora, quero convidá-lo a fazer o mesmo. Acredito sinceramente que depois de ler este livro você experimentará um estado de felicidade que talvez não experimentasse há muito tempo. Afinal, só você sabe o que está acontecendo lá dentro, certo?

Então encontre um lugar legal e se isole para não ser interrompido. Leia devagar, com calma, saboreando, refletindo, filtrando, aceitando, incorporando as ideias aqui apresentadas e evoluindo em cada tema. Minha proposta é revolucionar sua vida pessoal, social, profissional e mental.Com este livro, quero ajudar o maior número de pessoas possível. Aproveite as ideias deste livro e tenha uma ótima leitura.

Ummente Indisciplinada É Uma Mente Fraca

Parece, Mas Aconteceu E Poderia Ter Sido Com Você

Um passageiro está esperando o ônibus chegar no ponto, como faz todos os dias. De vez em quando ele vai até a beira da calçada para verificar se o transporte está se aproximando. Ele está ansioso, e isso é visível quando ele presta atenção na mão direita, cujos dedos estão enrolando e desenrolando freneticamente uma nota de cinco reais, o único dinheiro que ele tem para pagar o transporte. Depois de algum tempo, ele vê o ônibus se aproximando. Quando o veículo finalmente para e abre a porta, a ansiedade desaparece. O passageiro amassa o dinheiro na mão, joga na sarjeta e entra no ônibus, que sai imediatamente. Quando chegou à catraca, o choque: ele havia amassado e jogado fora o único dinheiro que tinha para pagar o ônibus. Envergonhado, ele explica sua história ao maestro que, com benevolência, responde: "Acredito em você.

À noite, em sua casa, uma mulher tira a comida da geladeira e arruma o prato para o jantar. Depois de tudo pronto, ela vai até o micro-ondas, abre a porta, fecha a porta, ajusta o timer para dois minutos e liga. Durante os dois longos minutos ela olha para o micro-ondas e espera, a cabeça nas nuvens e o prato frio nas mãos.

Sentado no sofá da sala, concentrado e assistindo ao seu programa de televisão favorito, o marido pede um favor à esposa: "Querida, você pode ir até a cozinha pegar meu remédio e um copo d'água, por favor?".A esposa, prestativa, levanta, vai até a cozinha, enche um copo de água, toma o comprimido, coloca na boca, bebe a água e engole... o remédio que o marido deve tomar.

Uma mãe, com pressa, dirige-se à escola onde deixará o filho de 10 anos. O tráfego está ocupado, congestionado, mas fluindo. Logo à frente há um semáforo em amarelo, ela acelera. O semáforo fica vermelho, ela freia, mas não desiste. A mãe pega o controle remoto do portão da casa, aponta para o semáforo e tenta a todo custo abri-lo. O filho, que estava sentado no banco ao lado dele, não teve escolha a não ser arregalar os olhos, olhar perplexo e perguntar: "Mãe, você está louca?".

Todas essas histórias são verdadeiras e aconteceram com pessoas que entrevistei. Estas são histórias engraçadas e não devem ser surpreendentes porque poderiam ter acontecido com qualquer um, incluindo você. São tantas histórias de falta de foco e concentração que dá até para fazer um filme de comédia. Eles acontecem o tempo todo para milhares de pessoas ao redor do mundo. E o mais impressionante é que cenas como essas acontecem cada vez mais - e os finais para elas nem sempre são engraçados, pelo contrário, quando tais histórias chegam à mídia é porque tiveram histórias sérias, dramáticas e, por que não dizer, traumáticas. consequências.

Você deve ter ouvido histórias trágicas de pessoas que esqueceram seu bebê no carro sob um sol escaldante, de profissionais que perderam parte de seusdedos, braços ou pernas devido a distrações no trabalho, ou mesmo empresas que foram à ruína por causa de funcionários desfocados e esquecidos. O preço que se paga pelas distrações é sempre muito alto, em termos de tempo, dinheiro e disposição. Para se ter uma ideia dos impactos causados pelas distrações, em 2005, a American Psychiatric Association (APA) apresentou uma pesquisa comprovando que, só nos Estados Unidos, cerca de 77 bilhões de dólares são gastos todos os anos com prejuízos causados por distrações e esquecimentos no trabalho.. Imagine, então, se somarmos isso às ocorrências de todos os países. É quase inacreditável. E, por mais que a humanidade desenvolva soluções eletrônicas, tudo indica que esse número vai piorar. Afinal, quanto mais usamos soluções eletrônicas, menos usamos nosso sistema natural; e, quanto menos estimulamos nosso cérebro, mais preguiçosos e esquecidos nos tornamos. Assim, embora vivamos na era da alta tecnologia, as pessoas apresentam quadros cada vez mais graves de falta de foco, distração, esquecimento e descontrole emocional.

Pensar Demais É Um Problema?

O cérebro humano é um computador biológico composto por células, com uma memória cuja capacidade de armazenamento ainda é desconhecida. Suspeita-se que essa capacidade seja ilimitada, mas ainda não temos instrumentos ou modelos matemáticos capazes de medi-la com precisão. Neurocientistas especializados em computação tentam estimar a capacidade de armazenamento da memória humana com base em padrões de conexões neurais; no entanto, o problema é que eles ainda não conseguem responder com precisão a perguntas básicas: os neurônios realmente armazenam informações da memória humana? Onde são armazenadas as informações que enviamos para a memória? Abra um cérebro e procure onde o nome de uma pessoa, endereço, números de identificação ou preferência por filmes de ação estão gravados. Estão nos neurônios? Nas sinapses? No ADN? Por um tempo,A mente comanda a memória e o cérebro. O cérebro é um poderoso processador que funciona de forma paralela e distribuída, ou seja, é capaz de realizar várias tarefas ao mesmo tempo.

Por exemplo, pense em um motociclista. A energia mental necessária para controlar uma motocicleta é extremamente complexa. Com a mão direita ele controla a partida, acelerador e freio dianteiro. Com a mão esquerda, a embreagem, as setas, a buzina e o farol. O pé esquerdo maneja a alavanca de um complexo sistema de marchas cuja primeira marcha desce e as outras cinco sobem. O pé direito controla o freio traseiro, enquanto os olhos ficam atentos escaneando as peculiaridades de um movimento no trânsito, além de cuidar dos retrovisores. Quem gerencia todas essas funções é o nosso processador central que, ao dirigir e movimentar o veículo de duas rodas com uma carroceria equilibrada sobre ele, ainda abre espaço para nos fazer cantarolar uma melodia interna em nossas mentes. Apesar de toda essa complexidade, a mente ainda tem espaço de processamento para pensar em muitas coisas enquanto a mente inconsciente captura milhares mais. Nosso cérebro foi projetado e evoluído para isso, pensar e encontrar soluções criativas e inteligentes. Um presente, um privilégio da raça humana. pensar e encontrar soluções criativas e inteligentes. Um presente, um privilégio da raça humana. pensar e encontrar soluções criativas e inteligentes. Um presente, um privilégio da raça humana.

No entanto, tantas responsabilidades e tarefas exigem muita análise de nós e às vezes nos encontramos pensando, pensando e pensando sem poder agir. E nos perguntamos: perdemos a chance de pensar com calma ou estamos pensando demais e, por isso, não nos movemos? Pensar demais não é problema, pelo contrário, as pessoas que usam a cabeça são sempre vistas com admiração e respeito.

Você já deve ter ouvido a frase: "Quem fala pouco, pensa muito". E você pode estar se perguntando: o que os pensamentos têm a ver com a perda de foco e concentração?Veja: o pensamento é a ponte pela qual buscamos soluções para os problemas que enfrentamos no dia a dia. Não há mal nenhum em pensar. Os problemas realmente começam quando a qualidade e, em particular, a quantidade de pensamentos inúteis se tornam inconvenientes e incontroláveis. Pensamentos negativos, repetitivos, viciosos e tóxicos têm tirado o foco das pessoas, impedindo a manifestação do pensamento elevado, criativo e reflexivo. Talvez você já tenha experimentado a sensação desagradável de ter sua mente fora de controle e incapaz de parar de pensar em algum momento. O caos mental é um cenário frequente hoje. Antigamente, diziam que pessoas calmas eram pessoas mentalmente saudáveis, e a loucura deveria ser tratada. Agora os papéis parecem estar invertidos. A calma parece ser motivo de tratamento, e a loucura, a temperança e o descontrole tornaram-se aceitáveis,

A contemporaneidade trouxe mudanças e grandes exigências, como a capacidade de pensar e tentar administrar várias tarefas ao mesmo tempo, requisito cada vez mais obrigatório para a área dos pensamentos impulsivos, que Freud chamaria de id. Ou seja, passamos muito tempo e nossa capacidade mental analisando situações triviais, como escolher uma música ou o que vestir em uma festa, ter experiências sensoriais com jogos, sexo e comida ou bisbilhotar a vida de outras pessoas em alguma rede social .Porém, pior ainda é saber que 80% a 90% dos pensamentos que a mente produz são inúteis e repetitivos. E se é um fato que o pensamento gera comportamento, manter em mente sequências de pensamentos negativos pode, de fato, levar a problemas de desordem emocional e doenças psicossomáticas. Por isso, pensar demais se torna uma doença grave quando esse ato enterra um dos maiores dons humanos: a capacidade de parar, analisar, pensar, refletir e tomar a melhor decisão para si e para os outros.

O Objetivo É O Autocontrole E A Paz De Espírito

Quando criança, tive o privilégio de morar alguns meses na fazenda dos meus tios, no interior de São Paulo. Viver é diferente de apenas visitar ou passar alguns dias em um lugar diferente. Vivendo em um lugar isolado, vivendo compessoas simples, interagir com os animais, experimentar o verdadeiro sabor e aroma da natureza é uma imersão que todo ser humano deveria fazer. Morar no campo e fazer um estágio de verdade com a mãe natureza quebra o ritmo acelerado do cérebro de quem, por exemplo, mora em grandes centros urbanos. Nesses lugares movimentados, aliás, o volume de estímulos que as pessoas recebem, como sons, cores e sensações, é tão alto e causa tanto cansaço mental que, no final do dia, só temos coragem de chegar em casa. , tome um banho e caia. na cama. Ou, às vezes, lutando contra o cansaço, sentado em frente à TV, anestesiado, acreditando, com isso, ter um momento de descontração que faça aquele dia realmente valer a pena. Se você tem uma rotina semelhante,

Você já reparou que ao caminhar, simplesmente passear, em uma nova cidade e observar a arquitetura dos prédios, as pessoas, os carros, os hábitos e as construções do lugar, sua mente fica à deriva recebendo uma série de estímulos? Você já reparou que os olhos estão atentos a tudo como se fosse um daqueles carros scanner do Google que passa mapeando as ruas da cidade? Perceba que muitas vezes, quando você chega ao destino, seu cérebro está fatigado e, então, esse cansaço bate.Em momentos como esses, quando tinha um compromisso importante em que precisava me concentrar, tentava concentrar minha energia. Em vez de olhar para tudo, apenas fechei os olhos e ativei a memória. Tentei me lembrar de quando morava na fazenda, o que ajudou a acalmar minha mente e fortalecer meu autocontrole. Eu sei disso porque minha vida hoje contém todos os ingredientes para ficar emocionalmente fora de controle. Passo a maior parte do tempo viajando para grandes centros urbanos, onde pego táxi, visito empresas, conheço pessoas, faço reuniões de negócios, dou palestras, dou entrevistas, durmo pouco e depois tenho que levantar para viajar para outro lugar. São semanas seguidas nesse ritmo frenético. E quando finalmente me encontro na solidão de um hotel, lembro que a quilômetros de distância há família, esposa e filho pedindo um pouco mais da minha presença. Sim,

Nos breves momentos em que fechava as cortinas, olhava no fundo das pálpebras e tentava me lembrar do tempo em que morava no campo; esse fluxo de pensamentos me manteve calmo. Percebi uma tranquilidade interior nascendo em mim, um fenômeno que passei a chamar de autocontrole.Não pense que para se sentir assim, ter consciência de estar no presente e vivenciar alguns momentos de paz, é necessário se mudar para outra cidade. Você pode morar em um grande centro urbano. Você pode ficar conectado com seus aparelhos eletrônicos, continuar recebendo seus textos, e-mails e telefonemas, mas descobrirá que mesmo em meio ao caos da informação é possível acalmar o id e aumentar a influência do Self em sua vida. A presença do Eu, ou seja, de sua mente orientadora e consciente, produz momentos de paz de espírito, ou paz de espírito, um estado totalmente acessível. Aprendi a acessá-lo, ampliar minha capacidade de foco e com ele meu poder de realização. Agora é a sua vez de vivê-la também.

Você Controla A Mente Ou É A Festa Dentro De Você?

O ser humano que vive com a mente cheia de pensamentos desconectados e distraídos é extremamente fraco no poder de realização.Muitas pessoas não são mais capazes de aproveitar a vida em seus mínimos detalhes. Um adulto pode sair de férias, viajar milhares de quilômetros até um lugar paradisíaco, deitar-se em uma espreguiçadeira diante de um cenário de sonho e ainda carregar na cabeça uma bagagem de problemas, preocupações e frustrações que lhe tiram a atenção do presente e o transportam ele para algum lugar no futuro ou arrependimentos passados. Esse adulto, ele não consegue sentir a temperatura agradável da água do mar ao tocar sua perna, não consegue se envolver na magia do lugar; pelo contrário, ele pode manter o mesmo nível de estresse e irritação que experimentou no trabalho. Uma criança no mesmo ambiente provavelmente funcionaria de forma diferente. Ela passaria muito de seu tempo mental focada no presente. Ela contemplaria cada experiência sem se preocupar com o que viria a seguir. O futuro não importaria, e o passado − mesmo aquela bronca de alguns minutos atrás − já teria sido esquecido. O que importa para a criança é o presente. E é exatamente no presente que o Self se manifesta, que o poder do foco é ampliado, e é possível ver os detalhes que nem o mais atento dos fotógrafos perceberia.

Talvez você já tenha ouvido a frase: "Se você quer melhorar o futuro, melhore o presente". Esta é apenas uma das mensagens que este livro trará para você. A melhor maneira de viver e impulsionar o presente é controlar e acalmar a mente. Com uma mente calma e pacífica, você pode treinar e desenvolver o foco. Ter autocontrole e paz de espírito é, como vimos, um estado necessário para que suas melhores ideias surjam.As crianças nascem com "software padrão" que opera no presente. Eles nascem com o "app" da felicidade totalmente operacional. Rod Martin, professor de psicologia da Universidade de Western Ontario e pesquisador da natureza e das funções do riso e do humor, disse que uma criança sorri mais de trezentas vezes por dia, enquanto um adulto sorri menos de vinte vezes por dia. Um projeto de lei absurdamente desproporcional que, sem dúvida, prejudica a saúde. Por isso, é mais do que essencial resgatar a alegria que sentíamos quando crianças. Neste livro, você descobrirá algumas maneiras de fazer isso.

Você está qualificado para desenvolver foco, autocontrole e concentração. Na verdade, sempre foi. Desde o dia em que nasceu, ele veio ao mundo para ser feliz, não para viver triste, deprimido e preocupado. Sua missão, acredite, não é competir com outras pessoas por melhores colocações, posição social, arrecadação de bens materiais e ser o cidadão mais rico do cemitério. Sua missão original é ser feliz. Talvez o seu "software de felicidade" tenha sido distorcido pelos percalços da vida e pensamentos viciosos edesconexões que orbitam a mente, mas a felicidade é mantida dentro. Então, vá em frente com este livro e aprenda a domar seus pensamentos. Afinal, você é quem controla sua mente e não o contrário. Observe, conheça e domine seus pensamentos antes que eles o esmaguem. Acredite: eles têm o poder de fazê-lo.

Especialistas Em Distração

Paz Externa, Guerra Interna

Idney Ferrér é um amigo de longa data. Publicitário competente, motivador de equipes, consultor de negócios, é aquele tipo de pessoa com quem você conversa por duas horas e o aprendizado é suficiente para um ano de pós-graduação. Tive o privilégio de passar não duas horas, mas centenas delas, com esse ser humano espetacular. Durante as centenas de palestras que dava, gostava de dizer: "As pessoas hoje vivem como se estivessem em uma espécie de transe, uma anestesia cerebral".

Olhando para a realidade da maioria das pessoas, principalmente daquelas que vivem em ambientes sociais e profissionais caóticos, é fácil perceber esse fato. O estado de transe que muitos deles vivenciam os aprisiona em uma rotina que inclui nada mais do que acordar, enfrentar o trânsito, trabalhar, enfrentar o trânsito novamente, chegar em casa, tomar banho e dormir. Nos finais de semana, quando imaginam que vão aproveitar para relaxar e se divertir com os amigos, passam horas a fio deitados no sofá em frente a uma TV assistindo algum programa banal ou olhando para a telinha de um smartphone, curtindo fotos ou troca de cargos. Estão vivos em standby, em standby, estão ligados, mas não funcionam.

Conheci uma pessoa que por alguns anos fez parte desse grupo. Ela era uma jovem inteligente e estudiosa que morava com os pais em uma pequena cidade do interior. Lá ela estudou com o sonho de passar em um concurso público e morar em uma cidade litorânea. E, depois de anos de muita disciplina e perseverança, ela conseguiu passar no tão desejado concurso e realizou seu grande sonho.Anos depois, eu a conheci e perguntei se ela estava se divertindo morando em uma cidade encantadora com uma casa praticamente à beira-mar. Para minha surpresa, a resposta dela foi exatamente oposta: sua rotina de segunda a sexta era só de trabalho, e na sexta à noite, ao chegar em casa, ela colocava o pijama, que só tirava na segunda de manhã. Evidentemente, ela não me revelou todas essas coisas com um sorriso no rosto ou com o orgulho de workaholic, pelo contrário, vi nela uma mulher triste, solitária, em busca de algo que nem ela conseguia explique.

As pessoas perderam o foco. Claro, existem milhares de exceções, no entanto, a maioria das pessoas, especialmente os mais jovens, não consegue mais explicar o significado da própria vida. Eles correm de um lado para o outro em busca de algo que não podem definir. É como se estivessem perdendo uma festa em algum lugar que não conseguem encontrar. Para essas pessoas, o dia não cabe mais em 24 horas. Eles não podem planejar seu próprio futuro porque não têm ideia do que vivem no presente. Eles perderam o controle e talvez você esteja fatalmente se juntando a esse grupo.É fácil identificar pessoas que estão perdendo o controle de sua existência. São aqueles que já não acordam com a suavidade da luz da aurora, não se contentam com o canto dos pássaros ou com os vários sons da natureza, pelo contrário, o seu sono é brutalmente interrompido pelo grito metálico de um despertador. Não há tempo para se alongar, esquecem de respirar fundo, olhar pela janela e agradecer por acordar para mais um dia. Não têm tempo para acariciar os filhos, ensinam com paciência e amor tarefas simples como escovar os dentes, vestir a própria roupa ou amarrar os sapatos; em vez disso, eles acordam seus filhos no último minuto, gritando, exigindo que as crianças ajam como adultos e se adaptem ao ritmo neurótico que a vida tomou.

São pessoas que não conseguem mais seguir um roteiro ou um plano de trabalho. Eles começam a trabalhar cercados e conectados por meio de dispositivos que bombardeiam suas mentes com informações, causando não produtividade, mas uma ansiedade que os paralisa e os faz ver o dia passar. Rapidamente, sem realizar nenhuma missão que fosse verdadeiramente edificante ou contribuísse para o bem coletivo.No final do dia, essas pessoas voltam para casa com seus corpos intactos, mas suas mentes esgotadas sem a menor vontade de estudar, ler, meditar ou refletir. São pessoas que não conseguem mais respirar fundo e fazer uma simples oração sem que a mente divague para outras esferas e, quando deitadas, não conseguem ter uma noite de sono tranquila, pois, embora estejam deitadas com os olhos fechados, o cabeça permanece conectada, eles não param de pensar nem por um minuto nas tarefas, problemas, objetivos ou metas que precisam alcançar.

Quando perdemos o controle, também perdemos a noção do tempo, aceleramos nossa rotina e, claro, sentimos que o ano está passando mais rápido. Vivemos hoje como se fossemos viver para sempre, sem nos cuidarmos e com a sensação de que nossos esforços são em vão, porque o mundo muda o tempo todo e somos obrigados a acompanhá-lo. O que é novo hoje torna-se obsoleto amanhã, e o sacrifício do dia-adia parece não produzir resultados. A modernidade está robotizando o ser humano.

Na última década tive o privilégio de viajar para muitos lugares e conversar com pessoas completamente diferentes. Conheci pessoas de classe média enterradas em dívidas, e com problemas para alavancar seus projetos ou sérias dificuldades em criar filhos cada vez mais exigentes. Também conheci pessoas muito ricas cujo um décimo de sua riqueza seria suficiente para viver confortavelmente, mas ao invés disso vivem de antidepressivos, agarrando-se a montanhas de dinheiro que dedicaram suas vidas a acumular. Todos eles, sem exceção, revelaram que sentiam uma guerra em suas próprias mentes, mas, no fundo, também sentiam que precisavam fazer mudanças em suas vidas. Eles acreditam que, no fundo, o que lhes falta é objetivo ou força de vontade, mas, na verdade, trata-se de força moral, capacidade de sustentar escolhas custe o que custar.

A Distância Entre Ter E Ser

Vivemos em um mundo onde as sociedades crescem e se organizam em torno de um pilar básico: o consumo. Nos países orientais, onde algumas doutrinas religiosas ensinam a desenvolver o autocontrole por meio do autoconhecimento, as pessoas têm mais oportunidades de descobrir a origem de seus conflitos e ter a chance de curar suas próprias feridas. Nessas sociedades, os indivíduos aprenderam a valorizar e investir no SER. Bondade, honestidade, altruísmo, humildade, paciência e disciplina são valores reconhecidos em pessoas que se despojaram do apego material e preferiram cultivar o exercício da empatia, o contato com a natureza, o despertar da chama interior, o encontro com Deus. Quando você concentra sua energia e nutre seu SER, você abre espaço para a paz de espírito - o que permite que você entre em contato com o seu melhor eu.Do outro lado do mundo, aqui no oeste, onde a maioria das nações é basicamente capitalista, as pessoas investem a maior parte de seu tempo e energia para alimentar o TER. Nessas sociedades, adotamos a crença de que quem tem a melhor casa, o melhor carro, as melhores roupas e status social para ostentar é valorizado. Não quero dizer que o capitalismo é o mal do mundo, mas que falta motivação para apoiá-lo e justificá-lo. Comprar uma casa confortável, ter um carro seguro, vestir-se adequadamente, ter algum conforto e até pequenas regalias são direitos de todo cidadão trabalhador. A confusão interna começa quando buscamos o reconhecimento social pelo que temos. Entenda: quando seu estado de felicidade se manifesta pelos elogios que você recebeu sobre algo que você possui, então uma armadilha perigosa pode estar nascendo.

A questão é que o elogio tem o poder de mudar a química do cérebro e aumentar ainda mais a sensação de bem-estar. É como injetar nitroglicerina no motor do prazer. Assim, o estado de felicidade está associado ao alvo do elogio, que pode ser sua casa, seu carro ou suas roupas, por exemplo. É aqui que nasce a escravidão, porque sempre que você for infeliz, desejará alimentar a experiência do prazer, do reconhecimento social. E para ter mais prazer, você terá que investir em novas aquisições. Você ficará endividado. Você terá que trabalhar mais. Ele vai perder noites de sono... Se necessário, ele vai vender sua alma ao diabo para manter a nova química cerebral e revelar, quem sabe, comportamentos estranhos e exóticos que ele nem sabia sobre si mesmo.

Conheci uma senhora que revelou ter comprado um carro novinho em folha cujos benefícios estavam bem acima de seu poder aquisitivo. Ela havia comprado porque o vendedor lhe disse que ela era muito bonita e merecia um carro assim. Ela havia perdido o marido há alguns anos e desde então não se relaciona com mais ninguém. Então, esse elogio proporcionou a ela uma experiência rápida e agradável e fez com que ela tomasse uma decisão de compra que custaria anos de trabalho duro para compensar.Talvez você esteja pensando: "Tenho minhas coisas porque quero, não porque alguém me fez um elogio que me forçou a comprá-las". Tenho certeza e até espero que a maioria das suas decisões de compra tenham sido motivadas por uma vontade espontânea, pois isso demonstra que você é uma pessoa lúcida, consciente e evoluída. Quando, no entanto, a necessidade de ter algo surge de um desejo profundo de ser reconhecido, o que temos é uma falsa sensação de felicidade. É como a vontade incontrolável de consumir açúcar ou comer uma barra de chocolate, que pode se tornar um vício. Nesses momentos, quando os impulsos nos dominam, a luz amarela acende. A plena satisfação deve ser conquistada pelo desenvolvimento do SER, diminuindo a importância do TER. Por isso, mais do que nunca é preciso ter autocontrole e autoconhecimento,

Você, Sua Mente E Sua Memória

O autocontrole é a chave para o foco. O foco é a chave para o poder da realização. O poder da realização é a chave para o seu sucesso.O autocontrole abre as portas para você ter relacionamentos pessoais incríveis, em todas as esferas da vida, seja acadêmica, profissional ou social. Por outro lado, o descontrole emocional produz relacionamentos difíceis, casamentos apáticos e concorrência desleal no local de trabalho. Às vezes, cometemos atos impensados dos quais nos arrependemos mais tarde, como responder à pergunta de um cônjuge com severidade, chamar a atenção de um funcionário com grosseria ou até mesmo agredir fisicamente alguém que nos aborreceu. Todas as nossas reações automáticas são orquestradas por uma região chamada amígdala, a área mais antiga do cérebro e playground para reações emocionais surpreendentes. Deixar essa região guiar nossas atitudes cotidianas equivale a deixar um tigre solto no picadeiro do circo — tal atitude pode produzir cenas trágicas ou cômicas.

Um exemplo da importância de controlar as emoções é o que aconteceu quando o líder africano Nelson Mandela morreu em 5 de dezembro de 2013. Autoridades de todo o mundo viajaram para a África do Sul para prestar suas homenagens no funeral e, entre eles, foi o casal mais famoso no mundo, Barack e Michelle obama, que chamaram a atenção da imprensa por uma cena inusitada.Na ocasião, o presidente dos Estados Unidos trocou piadas descontraídas e tirou fotos (selfies) com a primeira-ministra da Dinamarca, Helle Thorning-Schmidt, sob o olhar de total desaprovação de sua esposa, Michelle, que, segundo as fotos publicadas em todos os jornais, do mundo, estava visivelmente desconfortável com a situação.[4]Sua postura, porém, era exemplar e refreava qualquer atitude quepoderia expressar seu desconforto ou criar algum tumulto. Algo difícil quando estamos em situações que, por exemplo, nos deixam com ciúmes. Ainda sobre relacionamentos, muitas mulheres, principalmente as mais ciumentas, gostam de se reunir e reclamar do parceiro, apontando a falta de atenção como fonte de brigas e frustrações. Dizem: Meu marido é muito desapegado. Ele nunca ouve o que eu digo. O meu nunca presta atenção em mim.

No entanto, o que vemos na maioria das vezes, na verdade, não são homens distraídos, mas focados em outras funções: no futebol, no carro, na conversa com um amigo, enfim, em tudo menos no parceiro.Agora outro exemplo... Na escola, a professora o chama para uma conversa particular, dizendo que está preocupada com o filho. Ela diz que o menino não presta atenção na aula, que é um pouco volúvel e desenha o tempo todo. A professora até o elogia dizendo que tem talento para o desenho, mas avisa que ele pode estar sofrendo de déficit de atenção e sugere levá-lo a um especialista. No entanto, antes de agir, analise: Seu filho realmente sofre de déficit de atenção? É realmente necessário submetê-lo a tratamentos com psicoterapeutas, psicólogos, fonoaudiólogos, pedagogos, médicos e medicamentos? Ou você também não teria o direito de perguntar à professora se ela é realmente capaz de chamar a atenção em uma sala de aula?

A sala de aula é o lugar de interação entre professor e aluno. Nela, por um longo período, o aluno é o sujeito passivo, e o professor é responsável pelo papel de líder. Dessa forma, quando um aluno se senta em uma cadeira dentro de uma sala de aula, ele envia, mesmo que inconscientemente, a seguinte mensagem: "Estou aqui, professor. Eu vim de casa para cá. Envolva-me, seduza-me, conduza-me pelo caminho do conhecimento, expanda meus horizontes, amplie minha inteligência, motiva-me a prestar atenção em você." No entanto, se o professor não tiver capacidade retórica e didática para reter a atenção dos alunos em sala de aula, ou seja, se não conseguir fazer uma aulaconcentrar, será natural que esses alunos se dediquem a outras tarefas, e não simplesmente se distraiam, como dizem.

A verdade é que nos concentramos em algo na maioria das vezes. Às vezes não focamos no que realmente merece nossa legítima atenção, mas estamos sempre focados em alguma coisa. A atenção é uma função básica do cérebro humano. Todo ser humano são (e estou falando da maioria) tem um estado de atenção saudável e funcional. Portanto, o que nos impede de prestar atenção ao que realmente importa é o descontrole sobre os impulsos e estímulos que recebemos constantemente, somado à incapacidade de administrar a influência dos pensamentos.Somos continuamente bombardeados por estímulos de todos os lados e de todos os dispositivos. Nosso sistema de atenção seleciona o que devemos prestar atenção com base em nossas regras de conduta, nossas crenças e nossos valores. Por exemplo, se você estacionar seu carro em uma rua escura e deserta à noite, certamente focará sua atenção na vizinhança e nas portas do carro, verificando se todas estão bem fechadas. Talvez, nesse momento, a pessoa com quem você está tenha lhe falado algo importante sobre o evento que você vai participar, mas como sua atenção estava totalmente voltada para o carro, dificilmente você conseguirá se lembrar do que foi dito. E essa falta de comunicação pode criar um grande problema. É por isso que é essencial que tenhamos autocontrole.

O autocontrole é a chave para um mundo mental fantástico, no qual as pessoas são mais calmas, disciplinadas, administram emoções e pensamentos; um mundo em que pessoas aparentemente comuns podem resistir facilmente a tentações e vícios e têm o potencial para uma realização extraordinária.Quando apresento pela primeira vez aos meus alunos o conceito de autocontrole, eles geralmente o associam ao antigo método de respirar fundo e contar até dez. Esse método provou sua eficácia, sim, devo salientar, mas minha proposta neste livro é uma investigação mais profunda. Proponho uma revisão completa dos hábitos diários, buscando descobrir as verdadeiras causas da distração e minimizar sua influência na nossa capacidade de manter o foco em determinada atividade. O que você precisa aprender a controlar é mais do que os impulsos espontâneos e as reações impensadas da amígdala; você terá que conhecer três entidades que habitam o mesmo corpo, três estrelas que se apresentam na mesma arena: você, sua mente e sua memória.

Talvez você se lembre dos desenhos do Mickey Mouse ou do Pica-pau. Lembro-me claramente de alguns episódios em que a personagem principal se viu diante de uma decisão importante e em seus ombros apareceram duas miniaturas de si mesmo: uma vestida com roupas brancas, com asas nas costas e uma auréola na cabeça, representando a figura de um anjo . ; e a outra, de traje vermelho, cauda pontiaguda e forcado nas mãos, representando o diabo.Assim, quando, por exemplo, Pica-pau precisava decidir se levava ou não a torta de maçã que a vovó deixara esfriando na janela da cozinha, os dois entravam em ação e começavam a soprar em seu ouvido conselhos que mostravam as vantagens e desvantagens do seu decisões. Muitas vezes, essas duas figuras passaram a brigar entre si com direito a socos e chutes, simulando um legítimo MMA mental, o que confundiu ainda mais o personagem. Ao final da disputa, geralmente por questões éticas e pedagógicas, o anjo sempre ganhava.

Se você se analisar, perceberá que todos os dias a cena do anjo e do diabo se desenrola dentro de você. Em sua arena mental, três personagens entram em cena: o protagonista, que é você; o diabo, que é sua mente; e o anjo, que é sua memória. Temos muitas decisões a tomar todos os dias, e em cada uma delas esses personagens desempenham seus papéis. Você precisa agir, mas sua mente (o diabo) oferece as opções mais práticas e ousadas, enquanto sua memória (o anjo) mostra filmes do passado com experiências semelhantes que você ou outra pessoa presenciou e também pode influenciar suas decisões .Talvez o diabo tenha provocado Michelle Obama no episódio do funeral de Nelson Mandela a fazer uma escolha ousada. Talvez o anjo a tenha lembrado do protocolo que ela estudou quando Obama venceu a eleição presidencial e que lhe falou sobre a importância da imagem do homem mais poderoso do mundo. Nesse episódio, ela falou mais alto sobre o autocontrole que Michelle exerce. Claro, seu rosto mostrava seus sentimentos por toda a história, mas ela se comportou de forma exemplar diante dos fatos.

No exemplo da reunião escolar sobre o filho, em que se suspeitava que ele sofria de déficit de atenção, questionando os motivos do desinteresse do menino e entendendo que a responsabilidade não é apenas da criança, mas também dos adultos que o educam , é uma atitude de lucidez.Em ambos os casos, o Self, personagem principal, falou mais alto que a mente (diabo) e a memória (anjo) e tomou as decisões mais lúcidas que cabiam naquele momento. No entanto, quando não se conhece o próprio potencial para controlar os impulsos da mente e a prisão da memória, tem-se uma vida de problemas ou limitações, buscando soluções para dilemas e criando mais problemas e mais distrações, com o risco, portanto, de encontrar o que chamo de especialistas em distração, como veremos a seguir.

O Momento "Candy Crush"

Sabe aquele dia em que você chega na empresa com a importante missão de enviar uma cotação para um cliente, mas ao abrir sua caixa de entrada, vê o e-mail daquela venda maravilhosa que você estava esperando? Diante da tentação, em vez de preparar o orçamento, você decide espionar as ofertas. Pouco depois, o telefone toca. É seu funcionário dizendo que foi preso em uma parada policial porque a documentação do veículo da empresa está vencida. Então, você larga o que estava fazendo e vai até o local resgatar seu colaborador. Chegando lá, ele descobre que terá que terminar as entregas programadas para aquela manhã.Assim, um de seus melhores clientes fica tão feliz com sua visita que não o deixa sair sem antes tomar um delicioso cappuccino que só sua secretária sabe fazer. Ele é aquele tipo de pessoa que gosta de contar histórias e isso ocupa um tempo precioso que ele não poderia desperdiçar. Saindo de lá para retornar à empresa, você se depara com um grande engarrafamento que faz você chegar já próximo do horário do almoço de negócios agendado com outro cliente.

Durante o almoço, você recebe uma ligação do gerente do banco dizendo que precisa falar com urgência sobre um cheque que foi depositado em sua conta. Isso o leva do almoço direto para o banco. No final da tarde, você volta para a empresa e se envolve em outras atividades triviais. Termine o dia com baixa produtividade e, pior, aquele orçamento essencial que deveria ser enviado pela manhã será adiado para, quem sabe, no dia seguinte. À noite você chega em casa cansado, deita no sofá, pega o celular e abre um aplicativo. É sua hora de descansar, sua hora de relaxar com aquele joguinho viciante.Este cenário parece familiar?

Em abril de 2012, uma empresa chamada King Digital Entertainment Plc. desenvolveu um bom jogo de combinação de doces chamado Candy Crush para o Facebook. Com apenas dois episódios e dez níveis, o jogo foi recheado de música gótica e uma narração com uma voz profunda e perturbadora que conseguiu prender a atenção das pessoas. Em poucos meses tornou-se um fenômeno mundial. A simples ideia de combinar doces em uma interface muito atraente faz você parar de pensar em problemas por um momento e exercitar uma boa distração, ou o que chamo de higiene mental.Baixei o jogo no meu celular por curiosidade. Nas minhas viagens, via gente jogando em todos os lugares, nos aeroportos, nos aviões, durante as aulas, nos cinemas, nas filas dos bancos... Todos: crianças, jovens, adultos, homens, mulheres, empresários de terno, todos, sem distinção, tiveram seu momento para Candy Crush. Como um vírus, Candy Crush se espalhou pelo mundo, sequestrando a atenção de milhões de pessoas. Dois anos após seu lançamento, tornou-se um alucinante que passa o tempo tentando combinar doces em 605 níveis espalhados por 40 episódios.

Candy Crush, como outros jogos, tornou-se um ponto de fuga para muitas pessoas, pois tem o poder de distrair a mente e aliviar a pressão. É um analgésico mental que corta a ansiedade, faz você esquecer a depressão e neutraliza a raiva, mas por pouco tempo, porque quando você fecha o aplicativo, todos os problemas voltam à arena da mente.Não há ser humano que não tenha pelo menos um problema que o deixe ansioso, deprimido ou com medo. Também não há quem não tenha seu momento de descontração, ou seja, um ponto de fuga, um lugar seguro para se esconder, mesmo que por pouco tempo. Esse momento de fuga cria uma barreira entre você e o problema, que surge quando você está imerso em um jogo atraente, quando coloca fones de ouvido para ouvir música ou quando aluga filmes para assistir no fim de semana. O problema é que hoje ficou muito fácil fugir dos problemas. Jogar, assistir televisão, ir a um pub, navegar nas redes sociais, comer doces... Tudo isso alivia a tensão e cria essa névoa temporária, mas o verdadeiro problema permanece e, no fundo, todos o reconhecem. Talvez seja o filme que você estrela todos os dias.

Em 1619 as pessoas também tinham problemas, mas não tinham muitas opções de entretenimento para fugir deles. Então eles passaram o tempo pensando em soluções para seus conflitos. Eles fizeram uma higiene mental construtiva.René Descartes, por exemplo, filósofo, físico e matemático francês, foi convocado para a guerra e enviado para o campo de batalha. Ele estava em apuros, ele tinha um problema sério. Seu momento de relaxamento foi usar o melhor aplicativo de pensamento disponível na época: o cérebro. Pensar na situação em que vivia, na condição humana.De tanto pensar em soluções para as dúvidas de sua própria alma, na noite de 11 de novembro de 1619, ele idealizou um método quase matemático para explicar a constituição do pensamento. Na manhã seguinte, na trincheira monótona do campo de batalha em que servia, Descartes começou a escrever o Discurso do Método, um dos livros mais influentes da filosofia. Vale ressaltar: naquela época, Descartes tinha apenas 23 anos.

Quando sua vida se resume a apagar incêndios o tempo todo, ou seja, uma luta diária para pagar as contas, um ritual que se resume a acordar-comer-trabalhar-dormir, significa que você está perdendo o sentido da vida. Em outras palavras, quando seu sistema de atenção está saturado de opções de entretenimento e sua mente não pode mais selecionar o que realmente émais importante, ao se perder em momentos de lucidez e pensamentos desconectados, você começa a reforçar hábitos perigosos. O principal é fugir toda vez que você se depara com um problema e não consegue controlar seu foco para encontrar soluções. Veja este exemplo. É manhã. Você se senta em frente ao computador, determinado: desta vez você escreverá seu Trabalho de Conclusão de Curso (TCC) custe o que custar. Já se passaram seis meses desde que ele concluiu sua pós-graduação e ele ainda não terminou seu último trabalho. Foram dois anos de sábados inteiros dedicados ao curso e um alto investimento financeiro. Além disso, seu diploma definitivamente o ajudará a obter uma promoção em seu trabalho, mas você precisa concluir seu TCC para isso. Então você liga o computador, abre o editor de texto e olha para a implacável página em branco.

Você move os dedos continuamente como se fosse um pianista. Suas pernas balançam como se quisessem levá-lo para longe. Você morde o lábio inferior, aperta as mãos, torce a boca, olha para a área de trabalho do computador como se tivesse uma longa história para contar. Ele verifica sua caixa de entrada e percebe que tem quatorze mensagens não lidas e pensa: "Ah! Deixe-me responder a esses e-mails primeiro e depois começo a escrever."Após os e-mails você retorna ao TCC. A caneta gira nas mãos, rabisca em uma folha e a mente ainda não sabe por onde começar. Você pega o celular para ver a hora e acessa um aplicativo. Jogue por alguns minutos. Sua memória te lembra alguma tarefa, sua mente te faz pensar em um problema, e assim você passa a manhã procrastinando, adiando o problema. À tarde, ele continua dando desculpas e, no final do dia, ainda está sentado ali, frustrado, abatido por não saber por onde começar.
É quando você está muito ocupado que seu dia não flui e você não consegue se concentrar ou fazer nada. Nesses momentos, sua mente está cheiaconsciência do que precisa fazer, porém, o corpo parece buscar qualquer forma de distração para se refugiar - e você, de alguma forma, deve exercer o autocontrole.

Eu mesmo já vivi muitos momentos como este. Confesso que naqueles momentos de angústia, em que a mente parece não querer contribuir, desejei estar presa numa cela, num lugar fechado, como o isolamento de uma prisão de segurança máxima, num quartinho de paredes brancas , uma porta blindada e uma janelinha no lugar mais alto possível, para que não me ocorresse nem a ideia de espionar o que está acontecendo lá fora. Esse era meu desejo e me ocorreu inúmeras vezes quando precisei me concentrar e trabalhar.Talvez você tenha o desejo de fazer dieta, parar de beber ou parar de fumar. Talvez seu objetivo seja estudar para uma competição ou se dedicar mais ao aprendizado de um novo idioma. O fato é que sem disciplina e dedicação, bons projetos não decolam. Sua mente pode ser uma fonte de problemas, mas também pode ser uma potência se você souber como colocá-la à sua disposição. Portanto, exercitar o autocontrole é essencial. No entanto, quando temos um problema, é mais fácil adiar uma decisão difícil. Youmen, por exemplo, são especialistas nisso. Eles podem arrastar um relacionamento fracassado por anos sem nunca tomar a iniciativa de ter uma conversa franca com seu parceiro.

E fica a pergunta: fugir ou enfrentar os problemas? O autocontrole permite que você tome essa decisão. Fugir só ajuda a reforçar o problema e aumentar o sofrimento, e a maioria das pessoas se tornou especialista em fazer isso criando distrações. Um jogo, uma olhada nas redes sociais, uma música nos fones de ouvido podem fazer você esquecer momentaneamente o conflito ou pendência, mas isso equivale a jogar uma gota de água no fogo.Às vezes é mais fácil ter força moral para enfrentar o problema e acabar com o sofrimento de uma vez por todas antes de vê-lo se transformar em algo maior. Muitas crises podem ser resolvidas com um pedido de desculpas. Muitas famílias podem se unir com um pouco mais de diálogo, e muitos projetos podem evoluir com um pouco de humildade. O autocontrole facilita o exercício da empatia, que, por sua vez, nos permite tomar decisões mais lúcidas e corretas. Quando você corta o mal pela raiz, automaticamente evita que o sofrimento se espalhe. Sem sofrimento, você pode manter o foco no que é realmente importante e assim ganhar mais poder de realização. Nos próximos capítulos, investigaremos a origem das distrações. Você descobrirá como, sem perceber, moldamos a mente e nos colocamos livremente em situações extremas, e o que fazer para nos livrar das armadilhas da distração.

Onde Começam As Distrações?

É Fácil Criar Uma Distração

O jogador de futebol Ricardo dos Santos Leite mora em São Paulo. Sua condição financeira lhe permite frequentar os melhores hotéis e restaurantes mais badalados da região. Ele usa roupas caras de marcas famosas, dirige os melhores carros e só participa de eventos de alto nível. No entanto, Ricardo, ou Kaká, como é conhecido no Brasil e pelos torcedores do Milan, prefere dizer que, para ele, luxo é mesmo estar em paz. Kaká é um bom exemplo de autocontrole. Disciplinado e perseverante, conquistou todos os títulos que um jogador de futebol poderia sonhar desde muito cedo. Ele ganhou dinheiro, sucesso e fama sem permitir que nenhum glamour o atrapalhasse. Ao contrário, mantém a mesma postura humilde, ética e moral que cultivou ao longo dos anos. Ele formou uma bela família e orienta sua vida em valores cristãos.

Em outra cidade do Brasil, temos a história de outro jovem, chamado Eduardo. Ele é um corretor da bolsa e trabalha para uma sólida companhia de seguros. Ele é um jovem comunicativo e se tornou bem-sucedido no ramo de vendas de seguros. Eduardo mora em uma cidade grande e tem uma rotina previsível moldada por anos, fazendo o mesmo trabalho, na mesma empresa. Ele acorda todos os dias no mesmo horário e realiza o ritual: tomar banho, colocar roupa, sapato, relógio, tomar café, pegar o carro e ir trabalhar.Como corretor, ele capta novos clientes, atende e mantém os contratos existentes. Eduardo não é um homem rico, mas se define como um homem realizado. Com algum sacrifício e economia comprou uma bela casa, um belo carro e ainda conseguiu economizar algum dinheiro na poupança. Ele tem tudo o que precisa e, como Kaká, gosta de dizer que vive em paz.

Um dia, porém, o relógio que Eduardo usa no pulso parou de funcionar. Como ele só tinha aquele relógio e precisava dele para realizar suas tarefas, ele mais do que rapidamente o levou para a oficina. Na relojoaria, enquanto aguarda a reparação, é abordado por uma simpática vendedora que lhe mostra vários modelos de relógios e sugere uma aquisição. Eduardo gosta da proposta, compra o relógio novo, paga o conserto do antigo e vai para casa em paz.No dia seguinte, ele acorda cedo, toma banho, veste a roupa, depois os sapatos, e finalmente abre a caixa do relógio e, com um discreto brilho nos olhos, percebe com orgulho: agora tem dois relógios. Se você reler esta passagem com uma lupa, verá que Eduardo na verdade tem duas opções e, portanto, ele tem um problema. Evidentemente, o estado de entusiasmo inunda seu ser e não permite que você perceba, surgindo em sua mente, um mecanismo poderoso: a capacidade de tomar decisões ou a capacidade que temos de fazer escolhas.

Durante anos, cientistas debateram, formularam teses, escreveram artigos sobre qual seria a melhor definição para inteligência. Os estudos mais recentes mostram que não temos apenas um tipo de inteligência, mas vários. Hoje se fala em inteligências múltiplas, como emocional, lógica, musical, cinestésica, política, espiritual etc., mas todas as definições são desmembramentos de uma única função mental, ou seja, a capacidade que temos de fazer escolhas. A inteligência é, portanto, a capacidade de fazer as melhores escolhas.De acordo com a religião católica, Deus acendeu essa centelha divina em nossas mentes e a chamou de livre arbítrio. Segundo o livro do Gênesis, a partir daquele momento, o homem podia fazer suas próprias escolhas, tomar suas próprias decisões, embora nem sempre fossem as melhores. Lembra da história de Adão, Eva e a serpente? Tomamos muitas decisões todos os dias, mas a maioria delas é praticamente imperceptível. Você toma decisões rápidas ao dirigir um carro ou caminha por uma calçada movimentada, e decisões mais demoradas quando, por exemplo, ele monta seu prato em um restaurante self-service ou avalia a melhor alternativa em um teste com múltiplas escolhas. O fato é que o tempo todo fazemos escolhas, rápidas, lentas, complexas ou simples, sobre eventos que muitas vezes nem percebemos.

Voltando ao nosso exemplo, Eduardo estava parado avaliando seus dois relógios. Ele tinha duas opções, um problema, resolvido rapidamente: naquele dia trabalharia com o novo relógio. Convenhamos, desta vez a escolha de Eduardo foi relativamente simples, porém, a obrigação a partir de então, todos os dias, de ter que fazer uma escolha, mesmo que simples, instalou um problema em sua rotina, e quem tem problema tem problema. Distração. No trabalho, com a nova aquisição no braço, Eduardo sentiu uma sensação que não sentia há muito tempo. Colegas e clientes usaram uma das mais poderosas armas de influência contra ele: a aprovação social.Entre as melhores formas de persuadir um ser humano está o princípio da aprovação social. Com base nesse princípio, decidimos o que é certo descobrindo o que outras pessoas pensam que é certo. Esse princípio se aplica especialmente à maneira como decidimos o que constitui um comportamento apropriado. Assim, a tendência de considerar uma ação apropriada quando realizada por outros geralmente funciona bem, e Eduardo agora recebia elogios sinceros, até mesmo eufóricos, dos colegas de trabalho sobre sua nova aquisição.

Em momentos como este, a vida nos prega peças. E, por mais que estejamos integrados em um ambiente social ou profissional, muitas vezes e pelos mais diversos motivos nos sentimos sozinhos, carentes. Nessas horas, a nossa sensibilidade aflora e qualquer gesto de carinho, palavra amiga ou proximidade pode proporcionar momentos mágicos, mesmo que sejam rápidos ou passem despercebidos por quem os proporcionou. Esses gestos e palavras carinhosas mudam a química do cérebro e a sensação de bem-estar gerada preenche um vazio. No entanto, o preço que pagamos por esses raros momentos de aprovação social pode ser muito caro. Pode ser o início de um longo período de escravidão...Algumas semanas se passaram e lá estava nosso amigo Eduardo dentro da mesma relojoaria comprando um modelo novo. No dia seguinte, ele teria três opções a considerar, embora não estivesse ciente disso. E mesmo que o fizesse, não importava mais. O que ele realmente contava era saber que, ao chegar ao trabalho, receberia elogios renovados sobre sua nova aquisição e seu bom gosto.

Tudo isso parece simplista, mas é uma forma de tentar mostrar como às vezes ocupamos nossa mente com coisas triviais e esquecemos o que é realmente essencial. Se você pudesse parar e olhar calmamente para os pensamentos que povoam sua mente, como um espectador assistindo a um documentário, provavelmente veria uma avalanche de pensamentos desconexos. E se você tivesse a possibilidade de classificar os tipos de pensamentos, perceberia que muitos deles são resultado de tomadas de decisão geralmente inconscientes. E, no entanto, se você verificar o que o obrigou a tomar essas decisões, sem dúvida encontraria motivos complexos, como a decisão de demitir um funcionário da empresa, e muitos outros inúteis, como a escolha do relógio, perfume, roupas ou sapatos que vai usar. Dessa forma, nos tornamos especialistas em distrações.

De Onde Vêm As Distrações?

Há muitas maneiras de responder a esta pergunta. Nas próximas páginas, vou até mostrar quantos deles são por preguiça mental, falta de motivação, rotina, entre outros. Mas primeiro, deixe-me explicar um pouco mais sobre o problema das escolhas.Voltemos ao Eduardo, que agora tinha três lindos relógios para usar. Se perscrutássemos sua vida mental, quadro a quadro, como se diz na linguagem da televisão, descobriríamos que toda vez que ele abre a gaveta do relógio, começa em sua mente um processo de tomada de decisão que pode ser descrito mais ou menos. menos: Qual relógio combina melhor com a roupa que estou usando hoje? Qual eu usei ontem? Faz tempo que não uso esse.

Deixa eu colocar esse.não, não ficou bom... — Então aqui vai esse! Parar todos os dias na frente dos relógios para tomar uma decisão gera uma breve perda de tempo e desencadeia um processo de distração. Talvez você possa pensar: "Mas é uma quantidade insignificante de tempo."

Verdade, concordo. No entanto, deixe-me explicar: não é apenas o tempo que está em jogo, mas também o desvio da atenção e a perda de foco, que devem ser alocados para objetos mais importantes. Por causa dessa tomada de decisão, ou distração, Eduardo poderia esquecer de pegar, por exemplo, a pasta com os documentos que usaria na reunião daquela manhã e isso geraria um grande atraso: perda de tempo com a devolução, constrangimento com os diretores da empresa e um desperdício desnecessário de energia mental.

Talvez sua rotina seja complexa, cheia de tarefas, compromissos, reuniões e obrigações que preenchem cada minuto do seu dia, e fazem com que você tenha que tomar decisões na maioria das vezes. Se sim, você entende muito bem o que quero dizer. Afinal, quando você tem opções, tem problemas e, quando tem problemas, muitas vezes pode perder o foco. Como é sabido, profissionais sem foco sofrem com distrações, que incluem perda de tempo, retrabalho e baixa produtividade.Distração, descontrole emocional, estresse, depressão, frustração, sonhos desfeitos, esse é o padrão de uma sociedade perdida, paralisada por uma sucessão interminável de pensamentos desconexos e decisões inúteis. Pensar demais em assuntos triviais, decidir demais sobre ações desnecessárias, consome energia e causa fadiga mental.

Para elucidar melhor esse ponto, analise assim: o cérebro humano consome 25% da energia que gastamos todos os dias. Grande parte desse consumo se deve ao gerenciamento ou processamento de milhares de tomadas de decisão ou pequenas distrações que nos afetam diariamente.Por isso, cada vez mais as pessoas se queixam de cansaço mental, ou seja, queixam-se da turbulência que vem à mente sem conseguir se sentir aliviada em nenhum momento. Eles fazem pequenas escolhas e decisões. Decisão o dia todo e aí, ao chegar ao fim do dia, estão exaustos, com a energia esgotada e, evidentemente, sem energia para brincar com os filhos, fazer uma boa refeição, estudar, ler um bom livro ou até mesmo ter Diversão. E os pequenos vícios que criamos se estendem até se tornarem parte de quem somos.

Ainda usando a vida de Eduardo como exemplo, ele agora é o diretor da empresa onde trabalha. Ele é um homem super ocupado. Casou-se com uma esposa amorosa e com ela teve uma filha, para quem tem muito pouco tempo. Sua esposa também é trabalhadora e tem o mesmo gosto sofisticado de Eduardo na escolha de roupas, perfumes e acessórios. Aliás, foi isso que os uniu: ambos gostam de receber elogios e também se elogiam com sinceridade. A aprovação social os encoraja a comprar cada vez mais.Eduardo tem uma coleção de mais de cinquenta relógios, organizados em cinco lindas caixas revestidas de couro preto. Todas as manhãs ele faz questão de abri-los, um por um, na cama. É um doce ritual diário que suga seu tempo e energia. Eduardo também faz parte de um grupo de amigos colecionadores de relógios. É uma tribo que alimenta o ego em conversas animadas sobre marcas, detalhes e lançamentos. Ele sempre tem alguém no grupo mostrando um novo modelo, sempre alguma novidade muito elogiada que leva seus amigos a também investirem mais em suas coleções.

Assim, escolhas erradas começam agora a criar um estilo de vida difícil de sustentar, afinal quem tem um bom relógio também tem uma boa pulseira. Quem tem uma boa pulseira também tem um bom colar. Quem tem um bom colar não pode se vestir de jeito nenhum e por isso opta por ter um bom par de sapatos, uma calça da moda, uma roupa de grife, um corpo perfeito, um rosto jovem, etc. Cada aquisição gera uma nova necessidade.Nosso personagem faz parte de uma sociedade de consumo que paga o que deveria ter de graça, ou seja, tranquilidade. Uma sociedade que se preocupa com a embalagem e esquece de valorizar o conteúdo. Eduardo se tornou uma das pessoas que ligam os sentimentos de prazer ao que têm, não ao que são. Uma dependência psicológica que faz com que as pessoas se sintam cada dia mais pressionadas e infelizes. São pessoas que não conseguem mais perceber que o vazio preenchido talvez por um elogio traz um sacrifício enorme, um grande endividamento e um ambiente mental caótico e cheio de distração.

O que apresento neste livro é o autocontrole. É o seu poder de lucidez aplicado toda vez que você tem que tomar uma decisão. Pergunte a si mesmo: quais critérios você usa para fazer suas escolhas? Por exemplo, é histórico ouvir os homens reclamarem que as mulheres demoram muito para se arrumar, ao contrário deles, que sempre foram mais objetivos na hora de se vestir, deixando de lado a vaidade e apelando para a praticidade: uma calça, uma camisa, um look o espelho e pronto. Em cinco minutos um homem geralmente estava pronto para ser padrinho, e as mulheres sempre levavam o peso de chegar atrasadas para a festa.No entanto, no início dos anos 1980, designers como Calvin Klein elevaram o status da moda masculina, que até então era composta de roupas funcionais, a objeto de desejo. Assim, as campanhas publicitárias começaram a propagar a ideia de que os homens também devem se vestir bem. Resultado: hoje vivemos uma explosão de vaidade masculina que vai desde cuidados com roupas íntimas até tratamentos estéticos sofisticados. Essa nova realidade igualou os papéis de homens e mulheres na hora de se preparar para uma festa, por exemplo – isso quando não é a mulher que agora tem que apressar o marido.

A questão se resume a: quanto mais você investe em TER, mais opções você cria; e quanto mais opções você tem para controlar, mais decisões você deve tomar; e quanto mais decisões você tem que tomar, mais tempo você gasta em tarefas que deveriam ser mais objetivas. Talvez, hoje, você tenha criado para si mesmo uma atmosfera na qual tenha que administrar centenas de tomadas de decisão que demandam um tempo precioso, que poderia ser usado em decisões mais importantes ou para qualificar ou educar seus filhos.Se você se tornou um Eduardo ou uma Imelda Marcos, entenda que quanto mais energia você gasta na tomada de decisões, menos energia e foco você terá para as tarefas relevantes. Por outro lado, quanto mais você investir no SER, no autoconhecimento, no aprendizado constante, mais você descobrirá que uma pessoa feliz, muito feliz, você não precisa de tanto para viver - e é por isso que você será livre das prisões mentais, dos vícios, e você terá uma vida plena e efetiva.

Todas As Suas Escolhas Estão Corretas

Segundo a Bíblia católica, Jesus Cristo já dizia que a semeadura era opcional, mas que a colheita era sempre inevitável. Quem semeia paz, colhe paz; quem semeia caridade, colhe caridade; quem semeia ódio, colhe ódio; e quem nada semeia, nada colhe. Todas as suas escolhas, sejam boas ou ruins, são corretas porque são suas escolhas. Você é responsável por eles.Conheci uma pessoa que parou de estudar (uma escolha) logo depois do ensino médio. Foi uma escolha sustentada, apesar do protesto da família. Hoje, depois de tantos anos, essa pessoa colhe o resultado com uma vida cheia de restrições, limitações, problemas na educação dos filhos, ou seja, o preço de não continuar investindo na educação. No entanto, foi uma escolha que ele fez seguindo seus próprios critérios, que ele acreditava ser o certo para sua vida naquele momento. Assim, podemos dizer que todas as suas escolhas também são corretas, desde que não afetem a vida de outras pessoas.

No entanto, muitas de nossas escolhas afetam de alguma forma a vida dos outros ao nosso redor, criando perturbações, tirando a paz que outrora viviam. Por exemplo, seu filho de 18 anos decide investir 70% de seu salário em um emprego instável para pagar as sessenta prestações de um carro novinho. Por mais que o pagamento seja de inteira responsabilidade de quem comprou o imóvel, se algo der errado, você é quem vai se envolver – afinal, é seu filho e nenhum pai quer ver seu filho fracassar. Mesmo que no fundo tenha sido a escolha dele, de acordo com seus critérios, de acordo com a forma como foi orientado ou não, a forma como foi persuadido pelo vendedor, enfim, a escolha cega, sem uma reflexão que dê conta dos prós e contras , pode causar um desequilíbrio emocional, não só no jovem, mas em toda a família. Você já parou para pensar em quantas escolhas você fez que afetaram a vida de outras pessoas? Faça uma pausa na leitura e tente listar pelo menos cincodeles.

Todas as suas decisões foram tomadas seguindo critérios. Quais eram eles? Em que se basearam suas escolhas? Por exemplo, quando eu era criança, gostava de deixar meus chinelos pela casa. Um dia, minha avó me ligou, apontou para as pantufas espalhadas no chão e disse: "você está vendo aquelas pantufas jogadas ali no chão? Você sabia que quando os chinelos são virados, a mãe morre?".Eu devia ter uns 7 anos e, como qualquer criança, imaginar perder minha mãe era a pior coisa que poderia acontecer. Então minha avó sugeriu que quando eu entrasse em casa eu colocasse os chinelos na prateleira, onde eles deveriam estar.

Daquele dia em diante, e por muitos anos, acreditei que chinelos de dedo matariam minha mãe, e guardei essa crença em minha memória. Uma crença limitante, pois eu não suportava ver chinelos virados nas proximidades. Nem meu nem de ninguém.É assim que criamos nosso mundo mental, responsável por determinar como será o mundo real e vice-versa. É um ciclo vicioso e muito perigoso que nos aprisiona. Nosso personagem, Eduardo, estabeleceu a crença de que pode receber reconhecimento social toda vez que exibir um novo modelo de relógio. Então, à primeira vista, as escolhas que ele fez estão corretas e criaram um estilo de vida difícil de sustentar. E o mesmo muitas vezes acontece conosco em nossa vida pessoal, profissional, acadêmica. Criamos estilos de vida que determinam os estados mentais que vivenciaremos. É o começo do descontrole.

Estados Mentais E Os Problemas Mais Comuns

O estado mental é como a mente reage a cada momento ou experiência. Para ilustrar, pense em uma lâmpada. Este é um bom exemplo, pois possui apenas dois estados: ligado e desligado. As variações que existem entre esses dois estados, como piscando, meio apagado, falhando ou quase queimando, referem-se ainda a esses dois estados: metade ligado ou metade desligado. Pense agora em um animal de estimação, um cachorro, por exemplo. Se pudermos, como muitas pessoas fazem, atribuir uma mente a um cão, então podemos acreditar que os cães têm estados mentais. E que estados mentais um cão pode experimentar? Imagino que, em algum momento, você tenha encontrado seu bichinho irritado ao ver um estranho no portão, estressado quando seu caçula decide puxar o rabo, ansioso quando você o convida para passear no parque, ou feliz quando você chega . em casa... Finalmente, podemos atribuir diferentes estados mentais a um animal de estimação. No entanto,

A Teoria dos Estados Mentais foi criada pelo filósofo americano John Rogers Searle que explicou a mente como um sistema funcionalista, no qual recebemos um estímulo (entrada), processamos a informação e emitimos uma resposta comportamental (saída). Searle pensava na mente como um software rodando em um computador, o cérebro. Assim, os estados mentais seriam uma condição permanente, uma característica da mente humana. Não existe "nenhum estado mental" ou "nenhum estado", mas um ou mais estados instalados o tempo todo.Mesmo à noite, enquanto você dorme, há o estado mental de sono. Não ter estados mentais é como ser uma lâmpada queimada, ou seja, é a própria morte. Os estados mentais são como os ícones de aplicativos dispostos na tela do smartphone. Você não usa todos eles ao mesmo tempo, mas eles estão todos lá. Alguns você usa mais, outros menos, alguns você nunca usa. Assim, é possível classificar os aplicativos em nosso smartphone em positivos e negativos, não é? Positivos são aqueles que facilitam nossa vida, nos tornam mais produtivos, estimulam nossa criatividade, nos entretêm, nos fazem pensar. E os negativos são aqueles que nos fazem perder tempo, desperdiçar energia, tirar o foco de tarefas importantes e nos tornar viciantes.

Você poderia fazer um exercício simples agora mesmo: pegue seu celular ou tablet e revise todos os aplicativos instalados. Organize em uma das janelas horizontais todos aqueles que o ajudam em suas tarefas e realmente facilitam sua vida. E no outro, coloque todos aqueles que são viciantes, atrasam sua vida, fazendo você perder um tempo precioso. Quais são predominantes? Em geral, muitas pessoas se distraem e perdem o foco nas tarefas porque passam muito tempo acessando aplicativos negativos e inúteis. O que fazer? Exclua-os, simples assim!smartphone significa "telefone inteligente" e, se bem usado, sem dúvida deve facilitar nossa vida graças a toda a agilidade e conectividade que oferece. Porém, o que temos visto todos os dias são crianças, jovens e adultos sendo dominados por esses aparelhos, pessoas realmente dependentes e até mesmo escravizadas por essas pequenas máquinas. Agora, de volta aos estados mentais: quantos estados mentais um ser humano pode experimentar?

Agora faça outro exercício. Pense no cérebro como um smartphone e nos estados mentais como software, aplicativos disponíveis para você acessar. Escreva-os separando estados mentais positivos e negativos. Considere positivos aqueles que fazem você seguir em frente, superar desafios, pensar, encontrar soluções para problemas e ir atrás dos seus sonhos. E negativos são aqueles que te paralisam, que drenam suas energias, distraem e diluem seu poder de realização.

Estados Mentaispositivosestados Mentais Negativos

Veja quantos estadosmental podemos desencadear todos os dias! Ao longo do dia, experimentamos uma enorme variedade de estados mentais. De acordo com as escolhas que você faz (inputs), elas podem coibir totalmente o seu poder de realização. Por exemplo, Eduardo precisa acessar seu "aplicativo de escolha de relógios" todos os dias e pesar os prós e contras de cada modelo disponível. Parece exagero, mas é o que fazemos todos os dias quando escolhemos roupas, sapatos e acessórios. Claro que há pessoas desapegadas e desprovidas de vaidade que nem olham para as roupas que vestem, mas a maioria segue esse ritual diário. E, sem dúvida, nossa vida não é só escolher roupas e acessórios. Pense nas centenas de outras situações que temos que avaliar e nos estados mentais (ou aplicativos disponíveis no cérebro) que são ativados em resposta a esses eventos. Por exemplo:

ATIVIDADE	ESTADO MENTAL	MODELO
Acorde abruptamente como som do despertador	Susto	Negativo
Tomando café da manhã assistindo más notícias de trânsito	Ansiedade	Negativo
Apressando as crianças para a escola	Irritação	Negativo
Lidando com o congestionamento	Estresse	Negativo
Percebendo uma pessoa suspeitaaproximando do seu carro	Temer	Negativo
Mantendo seus filhos seguros na escola	Tranqüilidade	Positivo
Enfrente o trânsitopara trabalhar	Estresse	Negativo
Reunião de trabalho com o novo diretor da empresa	Ansiedade	Negativo
Almoço animadocom colegas de trabalho	Felicidade	Positivo
Ler um e-mail informandoque o cliente rescindiu o contrato	Frustração	Negativo

Como você pode ver, o computador (cérebro) acessa diferentes estados mentais (aplicativos) ao longo de um dia inteiro em resposta às escolhas que fazemos, às situações em que nos colocamos e até às memórias que temos.Agora considere que todos os estados mentais foram úteis de acordo com o evento que os estimulou. Por exemplo, sentir medo quando você percebe um estranho se aproximando é um estado mental útil que o prepara para uma eventual reação se a pessoa realmente quiser prejudicar você ou seus filhos. O estado de espírito de pressa pode ajudá-lo a encontrar uma opção no trânsito para chegar mais rápido à escola dos filhos, assim como a ansiedade pode deixá-lo mais alerta durante a reunião com o novo diretor da empresa. O problema é que há tantos estados experimentados (aplicativos acessados) ao longo do dia, que o consumo de energia cerebral (o computador) e a exaustão mental aumentam, e a perda de foco, respostas automáticas e descontrole se instalam.

Certa vez, ouvi a história de um empresário que procurava uma vaga no estacionamento lotado do aeroporto de Congonhas. Ele estava com pressa (um estado mental), pois estava em dia com o horário do voo, e alerta (outro estado mental), procurando uma vaga para estacionar. Atrás dele havia outro veículo com uma mulher ao volante. Ela estava muito perto da traseira do carro do empresário e não tinha como ultrapassá-lo. Ela também parecia estar com pressa.Depois que os dois desceram os três andares e não encontraram vaga para estacionar, a mulher buzinou para tirar o empresário do caminho. o barulho O som contínuo da buzina (entrada) imediatamente ativou o estado mental de raiva nele, e sua reação (saída) foi dar marcha à ré e acelerar na frente do carro da mulher.

Essa resposta ou reação negativa automática pode não ter ocorrido exatamente porque a mulher buzinou, mas foi a reação ao acúmulo de estados mentais negativos que aquele empresário vinha experimentando ao longo daquele ou nos últimos dias. Talvez ele estivesse dormindo mal por uma semana, resultado de preocupações no trabalho. Ou ela teve uma manhã difícil e a gota d'água foi a buzina do carro. Existem vários agentes que conduzemcomportamento nas diferentes situações que enfrentamos. Os estados mentais refletem exatamente no estilo de vida e nas escolhas que as pessoas fazem para suas próprias vidas. Confusão mental, falta de controle das situações e foco nas tarefas e frustração a ponto de pensar em desistir significam um desequilíbrio entre estados mentais positivos. Os estados mentais positivos ajudam a manter o controle das situações e o foco para que avancemos em busca de resultados, e os estados mentais negativos causam um enorme conflito entre o que projetamos (mente) e as lembranças do passado (memória).

Um estilo de vida baseado em estados mentais negativos e limitantes pode resultar em pessoas medrosas, limitadas, com uma vida medíocre cheia de dúvidas e confusões que paralisam suas ações no mundo ou produzem reações explosivas na mente. Ter autocontrole é ser capaz de escolher um estado de espírito que o mantenha em um estado de recursos.Quando você passa a maior parte do seu tempo apagando incêndios e frustrado, você envelhece antes do tempo e percebe que ainda não percebeu o que era realmente importante para sua vida, surgindo em sua mente um estado mental muito poderoso, um grande inimigo do concentração: concentração. preocupar.

Preocupação: Quando As Coisas Não Vão Bem

A ansiedade é um estado de espírito. É um sentimento de angústia derivado demomentos preocupantes. A mecânica é simples: você identifica um problema a ser resolvido, mas não tem ideia de como fazê-lo. Nesse momento, sua mente começa a trabalhar no tempo futuro, ou seja, em busca de algum tipo de solução. E toda vez que você vai para o futuro e pensa nas piores consequências de um problema, você produz um estado de espírito, ansiedade. Imagine um empresário com algumas contas a pagar. Para quitar essas dívidas, ele tem uma boa quantia de dinheiro que chegará até o final da semana. No entanto, ele recebe um telefonema avisando que o pagamento esperado será atrasado. Após o susto e a decepção, seu cérebro começa a buscar possibilidades de entrada financeira para quitar dívidas. Depois de algumas simulações, ele finalmente descobre que não há solução de curto prazo. Como você se sentiria nessa situação?

Diante de acontecimentos como esse, a mente acessa a ansiedade como uma forma natural de defesa do corpo contra algo que pode nos fazer sofrer. Nessa situação, a mente começa a projetar as consequências de não pagar a dívida. Então, o mecanismo de ansiedade inunda a mente com hipóteses que ocupam todos os espaços. Esse caos interior é o começo da preocupação. A preocupação é um estado frequente na vida de muitas pessoas. É a preocupação que desvia nossa atenção do que realmente importa. Por exemplo, conheço alunos que passam mais tempo preocupados tentando adivinhar como será a prova do que realmente se concentrando em estudar e se preparar bem para a atividade. A preocupação é democrática. Ocupa a mente de jovens, velhos, pobres e ricos. Às vezes, a preocupação está relacionada a um bom evento que está prestes a acontecer, como um casamento ou uma viagem programada que se aproxima, obrigando você a se preocupar com os preparativos.

Uma pessoa pode estar preocupada em como comprar leite para seu filho, enquanto um milionário pode estar preocupado em encontrar uma maneira de proteger sua fortuna.A maioria das nossas preocupações não está relacionada com as coisas boas que nos podem acontecer, pelo contrário, tem mais a ver com o que pode acabar mal. A maioria das preocupações está relacionada à má projeção de algo que pode acontecer conosco. Preocupação com o futuro das crianças; preocupação com a política e economia do país; preocupação com as contas no final do mês; preocupação com o resultado do exame; preocupação com a situação da empresa. Manter a cabeça no futuro, processar soluções para problemas ou remoer a dor de uma situação que dificilmente será resolvida causa ansiedade, cegando-nos momentaneamente. Você vê, mas não vê; ouve, mas não ouve; você não sente mais o que está acontecendo ao seu redor.

Em um cenário como esse, fica fácil perder o foco nas pequenas tarefas do presente. Por exemplo, imagine uma mulher que, após as compras, coloca a bolsa no teto do carro para colocar as malas no banco de trás. Então ela entra no carro, liga e sai, deixando sua bolsa perdida em um canto. As crianças, por outro lado, parecem controlar bem suas preocupações. Eles passam a maior parte do tempo no presente, tentando fazer uma coisa de cada vez.Uma mente organizada é capaz de gerenciar melhor os acontecimentos e fazer um planejamento que previna todos os possíveis problemas ao longo do caminho que possam ocorrer. Por exemplo, voltemos ao caso do empresário cujo cliente o avisou na última hora que o pagamento ia atrasar. Nessa situação, ele estaria mais relaxado e focado em outras tarefas importantes se tivesse o hábito de fazer algum tipo de reserva financeira para momentos de surpresa como esse.

Os pais teriam mais tranquilidade e participariam mais da vida atual dos filhos se, desde cedo, fizessem uma poupança mensal em favor dos filhos ou se certificassem de que tivessem a melhor educação.Uma nação sofreria menos se soubesse selecionar e escolher bons candidatos nas urnas. Viver no presente é uma forma de manter o controle, pois nos permite manter o foco na prevenção de problemas futuros. Isso nos faz respirar mais fácil. Porém, o que vemos são pessoas cada vez mais tensas, mentes cada vez mais ocupadas projetando problemas. Como já vimos, 80% a 90% dos pensamentos que a mente produz são negativos, e uma pessoa que repete esse padrão de pensamento muitas vezes pode se tornar medrosa, limitada e negativa.

Vício: Quando Não Temos A Opção De Parar

Certa vez, no final de um seminário, conversei com um aluno que me disse que era viciado em sexo, tanto real quanto online. Ele aparentava ter cerca de 35 anos e lutava de todas as formas contra esse vício instalado e potencializado pela facilidade de alimentá-lo, principalmente com o advento da internet.Desde que a internet se popularizou, muitos homens evitaram o risco das ruas e se dedicaram a buscar sexo virtual, seja marcando encontros reais ou simplesmente se satisfazendo assistindo fotos e vídeos pornográficos. O problema com o aluno com quem eu estava falando é que ele não conseguia parar. Ele estava ciente da quantidade de vezes que pensava e procurava sexo, que estava cruzando a linha. Ele sabia que estava prestes a tomar más decisões ou fazer más escolhas, mas não tinha mais a opção de parar.

Um vício definitivamente se instala quando não temos mais a opção de parar. Você tem plena consciência da existência do vício, está convencido da necessidade de parar, sabe que muitas vezes está destruindo sua própria vida e a vida das pessoas que ama, mas o vício ganha tanta força que a decisão de parar não é seu. mais possível.Esse meu aluno revelou que passava três, quatro, cinco, seis horas seguidas na frente do computador procurando cada vez mais pornografia. Nenhum vídeo era bom, nenhuma foto o satisfazia plenamente, e assim, como no exemplo do colecionador de relógios, ele tinha tantas opções que parte do seu dia era dedicado a vasculhar esse buraco negro chamado internet. Ele não era mais produtivo.

Ao entrar no mundo virtual e pesquisar a palavra "sexo", você tem milhões de resultados para navegar. São fotos, vídeos, textos de todos os tipos e gêneros. Uma em cada quatro buscas feitas na internet está relacionada a sexo.Segundo pesquisa do DoubleClick Ad Planner, ferramenta do Google, um dos sites de pornografia mais famosos do mundo recebe cerca de 4 bilhões de acessos por mês. Assim, o foco total no sexo tornou-se um vício na vida daquele aluno e fez com que ele diminuísse e até perdesse toda a concentração em outras atividades importantes da vida, como trabalho, estudo, carreira.Seu eu interior estava gritando, mas ele não podia mais ouvir. Ele não tinha mais a opção de parar, embora acreditasse ter tentado de tudo: instalou todos os filtros de moderação de conteúdo possíveis, digitou senhas aleatórias com os olhos fechados para bloquear sites em sua área de trabalho, baixou programas de controle que travavam mecanismos de busca, salas de bate-papo com troca de vídeo e foto. No entanto, ele estava se sabotando. Uma semana depois ele estava lá na assistência técnica, dando uma desculpa e pedindo para formatar o computador porque não conseguia mais acessar a internet corretamente.

Para comparar, você sabe como funciona a memória RAM (memória de trabalho) de um smartphone? É uma memória de trabalho usada para executar as operações de um aplicativo quando ele é aberto. Quando você usa um aplicativo que consome muito espaço de RAM, seu smartphone fica mais lento e você reclama disso. Isso ocorre porque está fazendo um processamento "pesado", usando uma linguagem mais popular, e esse processamento usa muito espaço de memória disponível.Algo semelhante acontece conosco quando repetimos o mesmo estímulo muitas vezes. Por exemplo, você ouve a mesma música várias vezes. O número de repetições é tão grande, ocupa tantas vezes sua memória de trabalho, que você se acostuma com essa informação, ou seja, você memoriza a música e, se não tiver um autocontrole muito forte, vai rodar o risco de ouvi-lo em sua mente milhares de vezes ao longo de dias ou semanas. E o que acontece quando repetimos o mesmo padrão de pensamento, como uma preocupação? Assim como a música, nos tornamos viciados nesse padrão de pensamento e nos tornamos especialistas em preocupações. A pessoa preocupada com tudo e com todos desvia muito do foco para essa atividade e, com isso, perde poder de realização e produtividade.

Atenção Ladrões

Existem várias causas para a perda de foco, além de comportamentos obsessivos, como o menino viciado em sexo. Os maiores vilões são, na verdade, pensamentos repetitivos e conflitos internos. Algumas causas de distração são facilmente identificáveis, como um televisor muito alto ou pessoas conversando enquanto você tenta se concentrar na leitura de um livro. Há também estímulos físicos, como dor de cabeça, desconforto digestivo, unha inflamada e até déficits auditivos ou visuais. Para essas situações, um pedido de "por favor", um pouco de bom senso dos outros ou um tratamento específico geralmente resolvem.O que fazer quando o motivo da perda de foco e do enfraquecimento do seu poder de realização não é percebido à primeira vista? Quero chamar sua atenção aqui para as causas de distrações que não percebemos imediatamente ou que se originam em situações que nem imaginávamos que pudessem influenciar algo. Veja alguns exemplos:

Falta De Concentração Para Preencher Um Relatório De Trabalho.

Sua cabeça gira, seu corpo treme e você não consegue se concentrar na tarefa prioritária. Motivo dessa dificuldade de concentração: preocupação com a criança que deveria ter voltado da escola, pois já passou do horário normal e você não consegue falar com ela.

Um Aluno Da Sexta Série Com Baixo Desempenho Acadêmico E Problemas De Concentração.

Fiquei sabendo desse caso por meio de uma conversa com uma coordenadora pedagógica. Ela me disse que o menino era muito fechado e andava sempre sozinho. Assim, após trabalhar em seu caso, o coordenador descobriu que o problema da falta de atenção estava relacionado ao bullying que sofria de outros colegas por causa de sua condição física — o menino sofria de atrofia do esterno do tórax. Sua condição tornava os outros meninos hostis a ele, e isso o envergonhava. Esse sentimento o manteve em permanente estado de tristeza,que não permitia que ele se concentrasse. Obviamente, sem concentração esse menino teve baixo rendimento escolar.

Um Menino Muito Inteligente E Espontâneo, Mas Com Péssimo Desempenho Escolar.

Na aula ele não tinha foco. Ele não participava dos grupos e, portanto, só tirava notas baixas. Os pais, então, passaram por todos os tipos de tratamentos e testes, que resultaram em um diagnóstico de Transtorno de Déficit de Atenção e Hiperatividade (TDAH). Em uma ocasião, ele revelou aos pais que estava sendo intimidado na escola por causa do nome Hitler. Por muito tempo ele preferiu ficar calado e não dizer nada aos pais por medo de machucá-los e se sentir culpado por escolher o nome. No entanto, seu nome foi o grande motivo de críticas, comentários maldosos, fofocas e isolamento.

Um Cliente Estava Tendo Problemas Para Se Concentrar No Trabalho.

Quando conheci esse cliente, depois de muita conversa, ele admitiu que tinha esposa e três filhos pequenos para sustentar e estava passando por sérias dificuldades financeiras: contas atrasadas e cobradores batendo à sua porta o tempo todo. Assim, a verdadeira causa de sua dificuldade de concentração não poderia ser tratada com medicamentos, pois a "pressão financeira" só pode ser corrigida com estratégias de gestão financeira.

Um Jornalista Com Falta De Concentração.

Certa vez, conversei por e-mail com um jornalista que se queixava de dificuldade em manter o foco e a concentração nas tarefas cotidianas, como ler notícias, fazer entrevistas, escrever artigos. Estava casada há três anos e seu marido era um homem muito especial, cuidadoso, carinhoso, perfeito. Sua grande aflição era que ela estava cada vez menos interessada em seu marido e sentia uma forte atração por outra mulher, uma colega de trabalho. O conflito interno que ela tinha contra a natureza e seu instinto sexual a deixava ora deprimida, ora agressiva com seu parceiro. Qualquer grau de foco para as tarefas de sua atividade profissional era impossível.

Um Aluno Dedicado Que Se Prepara Há Anos Para Um Exame Público.

Ele investiu tempo e dinheiro para ser aprovado. Porém, quando chegou o grande dia, ele dirigiu até o local da prova e no caminho, para relaxar, colocou o CD de seu cantor favorito, Roberto Carlos. Na sala de aula, na angústia de esperar o início da prova, sua mente colocou o cantor Roberto Carlos no centro da arena, interpretando seu clássico: "Jesus Cristo". O problema é que esse departamento da mente do aluno não desligou em nenhum momento durante o teste. O refrão: "Jesus Cristo, Jesus Cristo, Jesus Cristo, estou aqui" não saiu de sua cabeça um só minuto e o impediu de ler atentamente o enunciado das perguntas mais difíceis. A música inofensiva fez com que ele perdesse um ano inteiro de estudos e um grande investimento que fizera em sua preparação.

Muitas vezes não imaginamos que a falta de foco e atenção é causada por hábitos considerados normais, como ouvir música. Uma música simples e inofensiva pode ser construída de forma tão envolvente, rítmica e melodiosa que é facilmente memorizada e associada a um momento de alegria e prazer ou a um momento dramático ou deprimente. Assim, a música inofensiva começa a ser repetida milhares de vezes e provoca mudanças visíveis na rede neural do cérebro. Essa repetição sistemática começa e fica em segundo plano, prejudicando o foco em qualquer tarefa.As canções de outrora, os clássicos de Bach, Beethoven e outros, foram feitas para serem apreciadas e realmente tocaram a alma. A música instrumental e clássica é uma arte, pois agita ou acalma a mente humana apenas no momento em que é ouvida. No entanto, depois que saímos do reparo, não o repetimos na memória. Não encontramos pessoas nas ruas repetindo mentalmente os clássicos de Beethoven como encontramos pessoas com fones de ouvido tocando músicas populares, fáceis, construídas com rimas simples, mas capazes de ficar na memória e passar semanas cozinhando nossos neurônios em repetições infinitas.

Lembro-me que, quando ainda era criança, assistia à televisão deitado no chão da sala entre meus dois irmãos. Sempre assistimos a um show do Incrível Hulk, o primeiro na televisão estrelado pelo fisiculturista Lou.Lembro-me vividamente de quando o cientista David

Banner ficava furioso e seus olhos rapidamente ficavam brancos para que, em uma expressão de fúria e dor, ele se transformasse na fera. No que para mim foi o pior momento do show, ele ainda se sentia protegido ao lado dos meus irmãos. Horas depois, quando eu estava na cama e em vários momentos ao longo do dia seguinte, aquela imagem escura sempre orbitava minha mente e memória me causando medo. O tempo passou e essa associação começou a perder força. No entanto, revivi esse mesmo medo através dos olhos do meu filho. Uma vez eu estava com ele na sala assistindo televisão – ele tinha 4 anos.

Em algum momento, pedi ao controle remoto para alternar entre os canais e, por alguns segundos, parei em um canal que mostrava um filme violento e uma cena de assassinato. Rapidamente voltei ao desenho que meu filho estava assistindo.Então, horas depois, enquanto eu o colocava para dormir, percebi que ele estava muito quieto e tentei fazê-lo falar. Ele fez uma pergunta relacionada à cena do crime que ele estava assistindo por alguns segundos. Então me perguntei por quantas horas o pobre coitado refletiu silenciosamente sobre aquela cena de violência e que problemas ou limitações aqueles poucos segundos poderiam ter causado a ele se eu não tivesse lhe dado uma explicação razoável. Com isso quero dizer que olhos destreinados nem sempre percebem quão pequenos eventos cotidianos podem ser a fonte de uma guerra mental, criando estados mentais limitantes se os deixarmos passar despercebidos. Nesses momentos, o estado mental de medo pode se manifestar: medo da mudança, medo de enfrentar desafios, medo de se entregar à vida.

Medo Que Nos Mantém Na Zona De Conforto

Talvez você conheça pessoas com um forte perfil empreendedor. Pessoas que enchem sua cabeça de boas ideias para melhorar seus negócios e projetos. Eles conhecem sistemas de trabalho eficazes, mas não conseguiram quase nada em suas vidas.São sonhadores, mas sem ousadia, sem iniciativa ou coragem para administrar seu próprio negócio. São especialistas em arriscar o patrimônio alheio, porém, quando a decisão diz respeito ao seu próprio ambiente de negócios, são extremamente receosos. Suas pastas de projetos estão cheias de ideias geniais, porém, como têm dificuldade de tomar decisões, preferem não correr riscos e se apegar à própria zona de conforto. A zona de conforto é gerada pelo medo principalmente em relação à mudança, pois a mente mapeia e avalia muitas opções e projetos, pesando os prós e contras de cada decisão em um processo interminável de análise. Sim, podemos dizer que essas pessoas são muito cuidadosas, capazes de se ater a muitos detalhes. A dificuldade, aliás, ocorre porque, em meio a tantas análises e considerações, esquecem-se de decidir. Eles minam seu próprio poder de realização e muitas vezes desistem do sonho, dando espaço para que um dos males do século habite na mente: a preguiça mental. Quando estamos estabelecidos em uma zona de conforto, é muito provável que percamos o foco. Afinal, o medo de decidir e agir é o que nos mantém nele. Esse estilo de vida mental sedentário dificulta a concentração, a busca de saídas, o pensamento crítico.

Talvez você já tenha se encontrado naqueles momentos em que precisava se concentrar na leitura de um contrato de trabalho, em uma pasta de trabalho para o exame de qualificação profissional ou até mesmo no preenchimento de uma planilha complexa, mas não conseguiu nem iniciar a tarefa por preguiça mental.A preguiça mental, ou preguiça de pensar, refletir, verificar, calcular, costuma tirar você do foco, tornando-o vulnerável a pequenos erros e grandes perdas. Por outro lado, essa mesma preguiça mental nos leva a fazer as escolhas mais confortáveis, nas quais não corremos riscos e também somos impedidos de ousar. A preguiça mental pode impedir o confronto, mas também pode limitar nossos sonhos. Por isso reforço a importância de desenvolver o autocontrole, o ponto de equilíbrio. Um dos mecanismos mais práticos da preguiça sedentária ou mental é a generalização. Quando generalizamos, guiamos nossa consciência por um caminho fácil e bem pavimentado que não apresenta muitos desafios. É mais fácil dizer "é difícil" e desistir, do que passar por todas as etapas de uma tarefa para realizá-la. No vocabulário dos mentalmente preguiçosos, as palavras "difícil" e "complicado" ditam as regras para as escolhas que serão feitas. Em seu repertório estão frases como: "Esse trabalho é muito difícil", "Esse assunto é muito complicado".

A generalização nos leva à inação, que, convenhamos, tem seu lado positivo: não nos metemos em encrencas. No entanto, também nos faz pagar um alto preço: não plantamos nem colhemos nada. Portanto, torna-se uma escolha que pode nos atormentar a longo prazo.Algumas pessoas se tornam viciadas em não fazer um esforço porque, no fundo, sentem o fardo de manter a mente focada. Por exemplo, muitos alunos, ao assistirem a uma aula, preferem gravar tudo o que é dito e comentado no celular. Dessa forma, eles também se permitem baixar a guarda, ou seja, não prestar atenção. Eles sabem que poderão ouvir tudo o que o professor disse depois, seja em casa ou durante o trajeto diário. Outros alunos preferem anotar tudo, palavra por palavra. E estes também erram: simplesmente transportam a informação de um lado para o outro, ou seja, da sala de aula para o papel. E na memória, o que ficou gravado? Nada.

Retrabalho

Retrabalho não é uma palavra que você encontra no dicionário formal. É um termo usado em empresas. É a simplificação do termo "refazer um trabalho", ou seja, o ato de fazer novamente uma atividade que não foi realizada com a qualidade esperada na primeira vez ou com erros causados por distrações.Assim, aquele aluno que foi para a faculdade assistir às aulas, mas preferiu deixar um gravador ligado, gravando para "facilitar a vida", ou seja, por preguiça mental, reduziu o grau de atenção e, com isso, não reteve o conteúdo da aula. Agora, imagine que esse aluno gravou quatro horas de aulas. Qual será a consequência? Vai passar mais quatro horas ouvindo tudo de novo por meio de um recurso que você provavelmente não conseguirá fazer entender. O desânimo e o cansaço mental produzidos pelo retrabalho podem fazer com que o indivíduo busque ainda mais fontes de estímulos que só aumentam a falta de foco e concentração. Essas fontes são os vazamentos, como já vimos no tópico "momento Candy Crush", e as reclamações.

Atenção Não Gerenciada

Qual é a melhor maneira de saber se você está ultrapassando os limites emocionais? Preste atenção nas situações que mais exigem foco e concentração e perceba sua dificuldade em se manter atento e dedicado a elas. A falta de concentração é sempre o primeiro sinal de que ultrapassamos nossos limites emocionais.A neurociência já provou que o estado natural da mente humana é desatenção e não foco. Essa desatenção seria o legado de nossos ancestrais, que precisavam estar atentos aos perigos de um mundo ainda inexplorado. Assim como nossos parentes do reino animal, que voltam os olhos e os ouvidos para todos os lados em busca do que representa oportunidade ou perigo, nós humanos, desde os tempos das cavernas, seguimos o mesmo padrão de atenção descontrolada.

No passado, ter atenção descontrolada, ou seja, atenção direcionada para todos os lados, era útil para a preservação da vida. Porém, hoje, quando atingimos um padrão relativo de conforto e segurança, esse nível de atenção pode interferir nos resultados das tarefas. Entenda: a atenção é seletiva, ou seja, você escolhe no que deve prestar atenção, porém, nem sempre ela é sustentada.Você sabe no que prestar atenção, mas nem sempre consegue manter o foco por muito tempo. E quando um evento é forte o suficiente para tirar sua atenção, seus mecanismos de memória são desligados. A memória tem uma ligação íntima com a concentração. Quando trabalham juntos, melhoram e aceleram o aprendizado; quando se separam, criam o caos, dificultando a realização de tarefas simples, como participar de uma reunião ou ler uma apostila ou contrato. Sem concentração, a memória de trabalho ou a memória de trabalho não são reabastecidas e você perde informações, semelhante a quando sua conexão com a Internet cai. Então você:

Você não pode seguir a sequência de raciocínio que seu interlocutor está compondo: "o que você estava realmente dizendo?".Não lembro a sequência de procedimentos descritos no memorando da empresa: "Ah, esqueci dessa etapa". Ele não lembra o nome do cliente que acabou de cumprimentar em uma reunião de negócios: "Qual era mesmo o nome dele?".

A falta de concentração não apenas bloqueia o processo de memorização, mas também causa outro distúrbio: lapsos de memória. A nova estação na rota do esquecimento é marcada pela dificuldade de acesso às memórias necessárias à realização de tarefas. O nome mais conhecido para este evento é lapso de memória ou simplesmente "memória branca".Sabe quando você está conduzindo aquela reunião de negócios e está faltando aquela "palavrinha" que completa o seu raciocínio? Ou quando no meio da entrevista de emprego você esquece metade do que tinha a dizer? O vazio na memória sempre aparece em momentos decisivos. A falta de concentração torna difícil memorizar e lembrar, mas mesmo nessas ocasiões você não pode parar suas atividades simplesmente porque está experimentando alguns bloqueios de memória, pode? Ao insistir em realizar tarefas sem as condições mnemônicas necessárias, há um maior gasto de energia que faz com que o cérebro experimente fadiga mental.

O que acontece quando alguém pega uma toalha e tenta secar uma bolsa de gelo? Nada! Na verdade, ela só vai se cansar. Essa metáfora é usada para exemplificar aqueles momentos em que você insiste em fazer algo, mas não obtém o resultado desejado. Secar gelo é tão cansativo quanto insistir em ler um texto sem concentração, assistir a um vídeo de treino sem o foco necessário ou somar os valores dessa planilha sem a atenção necessária. Quando insistimos em realizar tarefas sem concentração e memorização, sentimos que estamos secando gelo. O máximo que garantimos com isso é um grande cansaço mental, um cansaço além do físico.Quando a indisposição se instala, o melhor a fazer é parar a tarefa, olhar para dentro de si e tentar entender a origem da indisposição para remediá-la, caso contrário você corre o risco de perder tudo e assistir à morte dos seus sonhos.

Improdutividade: A Morte Dos Sonhos

Uma mente descontrolada e cheia de pensamentos desconexos causa a paralisia do poder de realização. A pessoa ainda tem projetos, sonhos, metas, mas não tem forças para realizá-los porque está perdida em seus devaneios. Assim, quando começamos a responder a estímulos que alegremente roubam nossa atenção, inicia-se o processo de morte do sonho.Conheço, por exemplo, estudantes e advogados que passam grande parte do dia debruçados sobre livros técnicos, mas o fazem em um ambiente altamente estimulante, onde outras pessoas vão e vêm, conversam, fazem barulhos insistentes. Nesses lugares, que deveriam ser santuários de leitura e meditação, muitas vezes há telefones, televisores e rádios sintonizados em atraentes programas musicais e comerciais de todos os tipos. Animais de estimação também moram por perto, assim como crianças, pedindo atenção até conseguir. Postura imprópria, pouca iluminação, temperatura desconfortável, enfim, há uma infinidade de estímulos que os impedem de manter a mente focada na tarefa em mãos. Então é fácil perder o controle.

De acordo com pesquisa realizada nos Estados Unidos sobre interrupções, verificou-se que, em média, os alunos não conseguem se concentrar em suas tarefas por mais de dois minutos sem interrompê-los para escrever e-mails ou olhar as redes sociais. No ambiente de trabalho, estima-se que a imersão média dos colaboradores seja de onze minutos sem interrupções.E o que significa ser interrompido o tempo todo? Isso significa que você não está realmente fazendo o que deveria estar fazendo! Ou seja, o volume de estímulos é tão grande que você não consegue avançar com a tarefa e, portanto, perde produtividade. A maioria dos leitores lê sem fazer nenhum tipo de preparação. Leia de qualquer maneira, de qualquer maneira, em qualquer lugar e ainda espere concentração máxima. Isso porque, na maioria dos casos, todos estão tão desesperados para atender às demandas que o fazem "como podem".

O próprio ambiente de trabalho de grandes empresas e escritórios está matando a produtividade de seus funcionários. Aquele ambiente dos sonhos das grandes empresas de inovação do Vale do Silício, na Califórnia, como Google ou Facebook — onde as salas são coloridas e as reuniões acontecem em mesas de pingue-pongue, com barulho de celular, música e movimento de skate —, cria uma órbita constante de interrupção do pensamento e também pode gerar baixa produtividade.Claro que é possível criar e inovar até no campo de batalha, como fez Descartes, mas é preciso separar os momentos em que uma boa ideia é gerada e os momentos em que ela deve ser executada. Produtividade é sobre execução, enquanto criatividade e inovação são sobre foco, concentração, meditação. A mente humana carece de momentos de paz para poder expressar seu potencial criativo, inovar e produzir para materializar tudo o que foi imaginado. Não se pode aceitar uma condição imposta pela sociedade atual que gira em torno de um perigoso círculo vicioso: acordar, trabalhar, dormir. Eu preciso assumir o controle da minha própria vida e gerenciar minhas próprias escolhas, meus próprios pensamentos. Você deve colocar sua mente a favor de sua saúde, seu equilíbrio e seus sonhos. A seguir, vamos iniciar a jornada em busca do autocontrole,

Os Caminhos Para A Blindagem Emocional

Quando uma situação abala suas emoções e te deixa fora de controle, o que você faz para se acalmar? Pense nesses momentos e analise seu comportamento. Para ilustrar, exemplifico o caso de uma pessoa que conheci que estava em uma situação inusitada com forte abalo emocional. Enquanto o marido tomava banho, uma mensagem chegou em seu celular. Resolveu olhar e descobriu naquele momento que o marido tinha laços afetivos com outra mulher. Ela descobriu que seu marido tinha uma amante. Como você reagiria em uma situação como essa? Há muitas maneiras de tentar restaurar o equilíbrio e manter o controle de uma situação. Alguns são mais adequados, como o diálogo franco e direto e isso ajuda muito a controlar uma situação de crise. Outros, no entanto, são explosivos e apenas adicionam combustível ao fogo.

A reação da mulher em questão, infelizmente, foi explosiva. Quando o marido saiu do banheiro, ele encontrou uma esposa descontrolada. Ela estava furiosa, chorando e extremamente agressiva com ele. Ela gritou muito, fazendo-o explicar o inexplicável. Ela jogou lâmpadas, cinzeiros e outros objetos que encontrou na frente dela. Ela deu um soco no marido e, após a primeira explosão, ligou para a melhor amiga, procurando uma palavra que lhe desse alívio. O que você diria para uma pessoa cujo estado emocional é abalado por ter que enfrentar um drama como esse? A melhor amiga ouviu com atenção, indignada com a história, e, com a sobriedade de um comandante experiente que sabe exatamente como agir em batalhas difíceis, aconselhou: "Se fosse meu marido, eu mataria!".

Felizmente, o amigo desapontado não atendeu ao conselho e o fim desta história não foi uma tragédia. O marido, que era muito mais controlado, conseguiu abrir um diálogo, eles se deram bem e hoje vivem em uma união forte, mais feliz do que antes. No entanto, não podemos deixar de imaginar o pior cenário, especialmente considerando que a esposa é uma pessoa extremamente reativa e atacar foi seu primeiro impulso ao ver a mensagem de seu amante.Vamos voltar à pergunta do início: quando uma situação abala seu emocional e te deixa fora de controle, o que você faz para se acalmar? A verdadeira solução que a esposa traída encontrou para recuperar o controle foi não atacar o marido, pois o ataque verbal e físico foi uma reação impulsiva, explosiva, caótica, enfim, totalmente fora de controle. Não houve tentativa de controle ali, mas uma descarga emocional.

Tomemos como exemplo o vapor que sai do pino da panela de pressão quando cozinhamos alguns alimentos. O calor aquece a água líquida, fazendo com que ela se expanda como vapor, o que gera uma forte pressão dentro do pote selado. Quando a pressão atinge um certo limite, aciona a válvula de alívio na tampa. Se não houvesse tal válvula, o pote explodiria.Da mesma forma, temos descarga emocional. Quando uma situação abala nossos limites emocionais, nosso corpo procura uma válvula de escape. Algumas pessoas aliviam a pressão atacando, como no exemplo da esposa traidora — o que pode levar a consequências fatais, como vemos todos os dias nas manchetes do jornalismo policial. Outras vezes, a pressão é aliviada por meio de gritos ou choro incontrolável. Porém, a pior liberação emocional não é o ataque, grito ou choro como defesa, mas a explosão ou implosão interna, ou seja, quando a pessoa se fecha e usa uma energia imensurável para diminuir a raiva que sente. Na maioria dos casos, é muito melhor que a liberação emocional venha por meio do ataque ou do choro, pois o preço a pagar pela explosão interna é a própria saúde, que compromete sua vida.Assim, a descarga emocional não é uma forma de controle, mas uma reação a algo que nos pressiona. Então, onde, então, a esposa traída procurou autocontrole? Neste caso, ela fez quando ligou para sua melhor amiga. O telefonema era uma maneira legítima de restaurar o controle. Embora o conselho da amiga não tenha sido o mais adequado, conversar com alguém sobre como ela se sentia a fez olhar para dentro, analisar a situação. Mesmo sem saber o quanto essa atitude era importante, ela a ajudou a restaurar o controle emocional. Após a breve conversa com a amiga, ela conseguiu ouvir o marido e conseguiu contornar melhor a situação.

Quem Determina A Solução Atacar Ou Fugir?

Certa vez, ouvi uma pessoa dizer: "Sempre que estiver com raiva, vá para a natureza. Você não pode sentir raiva olhando para o verde das árvores e plantas." E estudos sobre psicologia das cores descobriram que a cor verde tem a capacidade de acalmar mentes inquietas. No entanto, quem tem discernimento para procurar a natureza e olhar para um emaranhado de folhas verdes em um momento em que a fúria fala mais alto?Para falar a verdade, existe um tipo de pessoa que é legal o suficiente para lembrar das folhas verdes ou respirar fundo ou contar até dez antes de fazer uma ação explosiva. Pessoas assim são justamente as que apresentam grande potencial de autocontrole. Você sabe quem são essas pessoas controladas?

Estes são precisamente os que explodem para dentro. Que contêm a descarga emocional e a aprisionam internamente. Talvez neste momento você esteja pensando: "não é a forma de reação mais perigosa?", "não é a que mais adoece as pessoas?". As respostas para essas perguntas são sim e não.Por exemplo, sou uma pessoa muito introvertida. Eu sou do tipo que seria incapaz de responder ou atacar fisicamente ou verbalmente alguém que fez algo ruim para mim. Eu também nunca fui do tipo que gostava de chorar em público quando alguém me decepcionava, me negava ou me frustrava. Sempre contive minhas descargas emocionais dentro de mim. Sempre, até o dia em que essa atitude resolveu cobrar seu alto preço.

Aos 30 anos, duas pequenas marcas vermelhas apareceram no lado direito do meu pescoço muito próximas umas das outras. Marcas que doem e coçam muito. Pela forma e pelos sintomas, imediatamente pensei que fosse uma picada de inseto, talvez uma aranha. Eu não me incomodei. Na manhã seguinte, havia quatro marcas, e elas estavam aumentando dia a dia e doendo cada vez mais.Depois de passar por dois médicos, descobri que era uma doença chamada herpes zoster, uma doença que se aloja na fina camada que protege todos os nervos que se ramificam em nosso corpo. Na região onde a doença se instalou e dada a sensibilidade dos nervos, qualquer movimento do corpo produzia uma dor insuportável.

A doença atacou exatamente a região dos nervos da nuca e a dor de cabeça que senti foi como se alguém tivesse enfiado uma agulha no meu cérebro. Felizmente, fui atendido por um ótimo médico, que em poucos dias resolveu meu problema. No entanto, o que me chamou a atenção em todo esse sofrimento foi a lição que aprendi com isso. O que causou o desenvolvimento das telhas foi o estresse.Eu tinha uma rotina que quase não me deixava dormir ou comer direito. Foi extremamente cansativo, muito estressante. E todo esse estresse foi contido e cancelado à força dentro de mim. Até que um dia o pote explodiu da forma mais dolorosa possível e, segundo o médico, se o estresse não se manifestasse dessa forma, provavelmente seria em outros, o que poderia até me matar.

Confesso que a partir desse episódio procurei ajuda. Conversei com especialistas, fiz algum tempo de meditação, li dezenas de livros e a maioria dos conselhos me obrigou a agir de uma maneira totalmente contra a minha natureza.A grande verdade é que uma vez introvertido, sempre introvertido. O melhor conselho que os especialistas me deram dizia que eu deveria, sim, gritar, xingar, lutar, brigar, atacar, chorar como forma de liberar aquela emoção nociva que neutralizava dentro de mim. No entanto, é fácil dizer a um introvertido para explodir em alguém, e é difícil vê-lo fazer isso. Então, percebi que aquele conselho só aumentaria a dívida com minha consciência, minha saúde, enfim, comigo mesma. Se eu realmente quisesse preservar minha saúde, manter o equilíbrio e algum grau de autocontrole, teria que fazer isso sozinho. Daquele dia em diante, continuei a respeitar minha natureza, continuei a anular minhas descargas emocionais, porém, a diferença é que agora eu era um espectador e, com disciplina, comecei a estudar minhas reações.

Assim como quando você cozinha os alimentos em uma panela de pressão selada, há um período de tempo entre a formação do vapor e a pressão extrema que faz o bico da tampa girar, e descobri que também há um bom período de tempo antes a descarga emocional contida causa qualquer dano. danos à nossa saúde. Um momento que passa como um filme em câmera lenta, dentro de nós, sobre tudo o que está causando o estresse. Um momento extremamente hábil para você pegar essa energia negativa e dar um novo significado a ela, minimizando ou mesmo neutralizando totalmente seus efeitos negativos.

Essa capacidade de olhar para dentro de mim, assistir ao filme e escolher o final mais apropriado e benéfico para minha saúde e minha vida, é o que passei a chamar de autocontrole.O autocontrole é um movimento do bem. É uma forte resposta do anjo que se opõe ao conselho do diabo. É uma forma nem sempre reconhecida como nobre aos olhos cegos da impaciência, da vingança, do rancor ou do ódio de outras pessoas, porém, a forma mais edificante de tornar a vida mais leve e agradável. A transformação da emoção negativa em emoção neutra ou emoção positiva só é possível quando olhamos para dentro e investigamos a origem de nossas reações emocionais, a origem de nossos pensamentos.

Entenda Os Pensamentos

Entre as muitas soluções que temos para desenvolver o autocontrole, que serão ensinadas ao longo deste livro, está o metapensamento. O metapensamento é como o policiamento preventivo.A melhor forma de garantir a segurança da população de uma cidade é por meio do policiamento preventivo. Esse modo de atuação permite que a polícia esteja sempre à frente dos criminosos, evitando que causem danos. A palavra meta vem do grego e significa "ir além". Quando juntamos "meta" com "pensamento" temos então o termo meta-pensamento, que significa "ir além dos pensamentos". Em outras palavras, olhar, analisar, monitorar, compreender os pensamentos que nos afetam. Esta é a essência e a função mais bela e nobre da mente humana.

Quando você observa seus pensamentos como a polícia preventiva faz ao realizar uma patrulha, você pode estudar e entender melhor quais são os padrões de pensamento que a mente recorre ao buscar soluções para os problemas. No exemplo da esposa traída, que encontrou mensagens do amante no celular do marido, a descarga emocional foi xingar, jogar coisas e bater no marido, mas a forma que encontrou para tentar restabelecer o equilíbrio foi ligarpara o melhor amigo. A base dessa decisão, ligar para a amiga, pode ter vindo à sua memória, pois, ao analisar a cena, lembrou-se de outras ocasiões difíceis em que também recorrera à mesma solução: conversar com alguém. Assim, temos o cérebro humano como a casa do pensamento e a memória como o playground da inteligência. O cérebro humano é uma potência, e a memória e o pensamento são o combustível. O pensamento, seja inteiramente novo ou fruto de uma memória, é poderoso o suficiente para alterar a estimulação química e elétrica do cérebro. E o reflexo dessa mudança é visível nos monitores das grandes máquinas de ressonância magnética, mas também a olho nu, se você começar a prestar atenção na reação do outro.

Pensamento gera sentimento > Sentimento gera comportamento > Comportamento gera resultados

Essa premissa foi notada por Aristóteles em 384 aC e significa que nosso estado interno, a forma como você pensa, pode interferir diretamente em seus resultados. Então, se, em vez de explodir em uma forte descarga emocional, você optar por conter essa energia, mas depois pensar rapidamente em um novo significado que minimize ou neutralize totalmente seu impacto, você exerce o autocontrole. O autocontrole restaura seu equilíbrio, melhora seu foco e libera energia para agir com inteligência.Se a mente humana é um anel, você é quem deve dirigir o espetáculo e o metapensamento. E esse lapso de consciência que nos afeta é como a rachadura que aparece em um dia de céu nublado permitindo a entrada dos raios do sol. E nesses momentos de clareza, temos a oportunidade de assumir o controle, fazer escolhas melhores e viver em paz. Portanto, o autocontrole não é como um remédio que tomamos em horários programados com o objetivo de curar esta ou aquela doença. Autocontrole é o ATO de tomar o remédio. É a capacidade que você tem de escolher o remédio para o problema que o aflige. Se você tiver dor de cabeça ou dor de estômago, tome medicamentos diferentes. O autocontrole é o momento de escolher o melhor remédio; e a boa medicina, como você sabe, pode proteger suas emoções e mudar sua vida.

Proteja Suas Emoções

Onde você gostariaestar agora, neste exato momento? Em um dos meus seminários de foco e atenção, pedi às pessoas que escrevessem a resposta a essa pergunta em uma folha de papel usando uma palavra. Ao ler as respostas, percebi que muitas delas se referiam a lugares do mesmo gênero. Casa, família, sofá, cama foram algumas das respostas recebidas, porém, a maioria das respostas refletiu o desejo dessas pessoas de estarem a sós com a natureza: praia, floresta, floresta, ilha foram as respostas mais comuns. É em contato com a natureza que restabelecemos nosso equilíbrio, obtemos tranquilidade e permitimos que a mente encontre as soluções mais inovadoras para os problemas. Quando estamos em sintonia com a natureza, somos capazes de proteger nossas emoções dos estímulos negativos que a vida, principalmente a urbana, nos oferece. Protegemo-nos do ruído irritante e da poluição visual, libertamo-nos das preocupações e, por um momento, esqueça tudo. É uma conexão legítima com o que realmente somos, ou seja, parte da natureza. Nesses lugares encontramos paz, ao olhar para a criação nos lembramos do Criador e, sobretudo, de seus princípios. Ao relembrar os valores dos homens de bem, ao basear nossas escolhas nos valores cristãos, temos a oportunidade de escolher os pensamentos que vão povoar nossas mentes.

O grande desafio para obter o autocontrole e, com ele, a tranquilidade e o foco no que realmente importa é buscar o nosso interior. Investigar a origem do que nos aflige nos deixa ansiosos, tristes, deprimidos e paralisados. Quando queremos fugir para uma praia, uma floresta ou uma ilha deserta, quando preferimos brincar com uma criança ou um animal de estimação, tentamos restabelecer o equilíbrio. E o que estamos realmente fazendo é tirar o foco da fonte de todos os pensamentos negativos, toda a raiva, ou seja, estamos tentando nos afastar da fonte dos problemas.A solução para você gerenciar e selecionar pensamentos, fazer as melhores escolhas, restabelecer o equilíbrio e ter a tranquilidade de manter o foco no que realmente importa é construir um escudo emocional. Esse escudo emocional deve protegê-lo de pensamentos tóxicos, reações explosivas e comportamentos viciantes que fazem você perder o controle e dar respostas automáticas e impensadas, gerando apenas mais crises.

O caminho para a paz de espírito passa pelo processo de auto-observação através do metapensamento. É usar com inteligência aquele momento sagrado de lucidez entre o estímulo que nos feriu e a ebulição do gatilho emocional para alterar a energia, criando uma atmosfera mental capaz de neutralizar os efeitos nocivos da carência emocional. O que exatamente devemos fazer nesse espaço de tempo? Como acalmar a mente e transformar o caos interior em controle, a reatividade em cautela e sabedoria? São as respostas a essas perguntas que abordaremos nos próximos capítulos.

Reação Inteligente: Criando Relacionamentos Saudáveis

O caminho para o autocontrole nos ensina que devemos ser pessoas de fácil comunicação. A capacidade de se comunicar bem permite que você se mova suavemente em direção aos seus objetivos. Pense bem e responda: você acredita que tudo que você tem está intimamente ligado ao seu estilo de comunicação? Caso você tenha respondido que não, devo avisá-lo que, de fato, é sim. Tudo o que você conquistou, esteja você satisfeito ou não, está diretamente ligado à sua comunicação. Portanto, qualidade de vida é qualidade de comunicação. E a comunicação de qualidade é condição necessária para quem quer autocontrole. Essa premissa é válida tanto para a comunicação interna, quando nos comunicamos conosco, quanto para a comunicação externa, quando interagimos com outras pessoas.A comunicação interna é o produto da nossa interação com o mundo, ou seja, quando recebemos um estímulo, o cérebro o avalia, ativa a memória, confronta-a com crenças e valores já estabelecidos, e então emite uma resposta que pode ser verbalizada (comunicação externa) ou permanecendo nos domínios da mente (comunicação interna).

Avalie a seguinte situação: você é católico e faz parte de uma família tradicional na qual todos são católicos desde a infância. Um dia, porém, você encontra um grande amigo que o convida a ingressar em outra religião, a Umbanda, por exemplo. Você sabe que um convite para a Umbanda não é feito para qualquer um e, se seu amigo te convidou, é porque ele é muito atencioso com você e eu ficaria muito honrado se você aceitasse. Então ele está esperando por sua resposta para a próxima semana. O que temos aqui:

1. Você estava calmo em sua mente e bem resolvido em questões religiosas até então.

2. Há um convite inusitado e delicado à recusa (uma entrada, um estímulo externo).

3. Sua mente avalia a proposta, precisa fazer uma escolha e dar uma resposta.

4. Sua mente consulta sua memória e verifica suas crenças e valores em relação à religião católica e o que seu amigo explicou sobre a Maçonaria.

5. Um dramático diálogo interno começa e a mente que estava calma agora tem que resolver um grande problema.

6. Você tem que dar uma resposta ao amigo (saída). Responder imediatamente implicaria encerrar o debate interno e essa nova preocupação. Adiar que você vai pensar sobre isso e dar a resposta na semana seguinte mantém o debate interno em andamento.

Observe que nesta situação descrita havia dois tipos de

comunicação: interna e externa. Ambos foram gerados pelo mesmo estímulo, um convite. A forma como respondemos a essa interferência pode preservar a paz que prevaleceu até agora ou iniciar um processo decisório que pode se arrastar por dias e ser muito exaustivo. Portanto, é necessário observar como nos comportamos (metapensar) diante dos estímulos para evitar sofrimento na tomada de decisão. Por exemplo, para um convite delicado como este, existem três saídas possíveis:

Aprenda A Dizer Não

Se você estiver satisfeito com o grupo religioso ao qual pertence, poderá encerrar o assunto no momento do convite, agradecendo a consideração e explicando gentilmente que, no momento, está satisfeito com a religião a qual pertence. Caso encerrado.

Tenha Uma Mente Aberta Para Novas Experiências

Aceite o convite imediatamente e mergulhe de cabeça nessa nova experiência religiosa, sem medo, sem objeções. Aceite o convite pelo simples impulso de vivenciar o novo com a possibilidade de voltar atrás sem se sentir culpado.

Parar

Nesse caso, pode ser a pior escolha, pois deixar para responder depois o que já foi decidido (supondo que a resposta seja "não") só vai gerar preocupação, angústia e criar expectativa no amigo que espera que sua decisão seja positivo.Se você escolher a primeira opção, diga "não", porque está satisfeito com sua religião, então o gasto de energia será menor, sua mente permanecerá como estava, ou seja, calma, e seu foco será direcionado para outros eventos isso naquela época. agora precisa de mais atenção. Dizer "não" é comunicação externa, mas não exclui a necessidade de processamento de estímulos, ou seja, comunicação interna. E é nesse momento sagrado de lucidez, entre o estímulo que recebemos e a ebulição de nossos estados emocionais, que temos o poder de decidir, ou avançamos ou cortamos o problema pela raiz imediatamente. Então, se você me pedisse um método para manter sua mente em paz e manter o controle de sua vida, eu diria sem dúvida: aprenda a dizer "não". Aprenda a dizer "não" a certos convites que: a vida nos faz; amigos nos fazem; os membros da família nos fazem; as empresas nos fazem; os aplicativos viciantes nos fazem.

São convites que no fundo não podemos aceitar, cuja mera ideia de aceitá-los não suportamos, mas aos quais às vezes dizemos "sim". E como não sabemos dizer não, não sabemos bloquear esses estímulos nocivos, então se criam mais compromissos, mais atividades, mais tarefas e mais vícios. Agir dessa forma nos faz assumir responsabilidades que não somam, apenas sugam a energia vital. Sugam o tempo, sugam a vida. Aprender a dizer não com firmeza sem perder a docilidade é mais do que uma escolha, é um ato da mais alta sabedoria.

Até aqui, vimos vários fatores que geram distração, perda de foco e afetam a produtividade. Muita informação, escolhas erradas, hábitos e pensamentos negativos. Vimos que o ambiente e nossas escolhas desempenham um papel fundamental na estimulação do cérebro e dos estados mentais. Existem também várias maneiras de acalmar a mente e alcançar o autocontrole. Respirar fundo, contar até dez, fazer atividade física, praticar ioga e meditação ou contemplar a natureza são comprovadamente soluções eficazes.No entanto, aprendi que assim como tomar remédios para certos tipos de dores de cabeça só cura os sintomas, não a causa, essas técnicas para acalmar a mente também funcionam bem como paliativos para uma mente inquieta, mas nem sempre corrigem a causa da dor. o fora de controle. emocional.

Se, por exemplo, você ficou satisfeito com a religião que frequenta e seu melhor amigo o convidou para conhecer outra, você poderia imediatamente cortar o problema pela raiz, ou seja, agradecer e gentilmente explicar que não quer mudar e terminar o caso. No entanto, se, por medo de perturbar a outra pessoa, você se comprometer a pensar e responder dentro de uma semana, nem mesmo a meditação poderá eliminar a causa, porque o problema já está instalado.Saber "dizer não" é, portanto, um método simples e eficaz para manter a mente em paz e manter o foco no que realmente importa. No entanto, quero compartilhar com você outras soluções que antecipam problemas e muitas vezes acabam com os conflitos antes mesmo de começarem. Entenda: quando você quer estar em uma ilha deserta, você realmente quer fugir dos problemas que estão pressionando você. E se você se livra dos problemas indo para uma ilha deserta, então significa que, na maioria das vezes, eles estão nas relações afetivas, sociais e profissionais.

Você tinha uma mente clara, mas alguém veio e fez um convite. Você estava satisfeito com seu trabalho, mas aceitou a proposta de largar tudo e começar uma parceria. Você estava com as finanças em dia, mas concordou em financiar um carro novo de luxo. Você ficou calado no seu canto, mas aceitou o pedido de ser fiador do aluguel daquele parente que vive enrolado.As pessoas são como os relógios do Eduardo. Todos esses "roubos" em que nos envolvemos têm como pano de fundo o círculo de indivíduos com quem convivemos. Claro, sabemos que esse é o preço de viver em sociedade e também é por isso que, quando seu círculo social começa a esgotar suas energias, exigindo que você viva sob pressão a maior parte do tempo, você quer que todos desapareçam ou considere a opção de se isolar em uma ilha deserta.

A solução fundamental para alcançar o autocontrole está na condução das relações humanas; está na capacidade de compreender e lidar com as pessoas. "Dirigir homens é uma ocupação laboriosa" — esta observação foi feita no século XVII por um dos escritores mais influentes do barroco espanhol, Baltasar Gracián, um ícone de seu tempo. Ele tinha autoridade para fazê-lo, pois era um observador dedicado do comportamento humano. E, se naquela época era caro liderar pessoas, hoje, com o liberalismo, valores morais totalmente esquecidos e padrões de comportamento ditados por pessoas de intenção duvidosa, tal empreendimento se torna muito mais complexo.O autocontrole pode ser obtido quando melhoramos nossa capacidade de lidar com as pessoas, pois ao aprender a lidar com a causa, o efeito não se materializa. Assim, você preserva a tranquilidade. Portanto, convido você a investigar a causa raiz de certos problemas de relacionamento, a fim de experimentar e estabelecer a verdadeira harmonia dos estados mentais. Vamos transformar aquele momento entre o estímulo recebido e a ebulição dos gatilhos emocionais em momentos de reflexão antes de reagir, de pensar antes de responder, de preservar a ordem das emoções e o controle. As pessoas equilibradas sofrem muito menos que as outras, porque suas decisões são lúcidas, muito pesadas e, portanto, do seu ponto de vista, são as escolhas certas.

Veja Com Os Olhos Da Benevolência

Você já deve ter ouvido falar de pessoas difíceis. Talvez você até conheça ou conviva com algum tipo de pessoa que é resistente a tudo que você pensa, diz e faz. Como você reage a esse tipo de pessoa? Como você lida com esse comportamento que muitas vezes representa um obstáculo em sua jornada para a realização de seus projetos e sonhos?Muitas vezes, a posição de resistência de uma pessoa difícil é tão forte que altera nosso humor, fazendo com que percamos o controle e experimentemos um tiro emocional negativo. É como se ela fosse um goleiro que desvia todos os seus movimentos e o impede de marcar e seguir em frente. Uma pessoa difícil é qualquer pessoa (e isso inclui você e eu) que reage contra alguém ou contra alguma situação que a esteja pressionando. Ninguém nasce difícil. As pessoas simplesmente adotam uma postura complexa porque reagem contra algo que as deixa desconfortáveis. As pessoas NÃO SÃO, elas eventualmente SÃO difíceis. Os homens são especialistas nesse tipo de comportamento. Em um relacionamento de marido e mulher ou entre pais e filhos, o homem muitas vezes se fecha e cria resistência quando algo dá errado.

Deparei-me com uma situação como essa quando, durante o intervalo de uma oficina, fui abordada por uma mulher visivelmente angustiada que relatou um fato que a incomodava: "Você pode falar com meu pai? Ele deve estar tendo algum conflito: fala pouco com os filhos, fica reclamando das coisas, nada é bom para ele. Isso tem me incomodado muito. Ele sempre parece ter um problema com a vida. Eu não entendo!".Fica claro por esse exemplo que a filha apontava para o comportamento que a incomodava no pai e produzia em sua mente um constante estado de preocupação e angústia, um fardo que carregava para todos os lugares, inclusive no trabalho e nos estudos. E, provavelmente, esse estado de preocupação tirou seu foco e influenciou sua produtividade e seus resultados. Como ela poderia reagir nesse caso?

A resposta está naquele momento sagrado que abordamos anteriormente aqui. Aquele momento entre o estímulo e a fervura, o evento (entrada) e o gatilho emocional (saída). É aí que entra a energia do autocontrole, uma energia que pratico a maior parte do tempo e que me mantém estável nas situações mais caóticas. Chamo essa energia de "Olhar de Benevolência" e o que também podemos chamar de "Olhar de Cristo". Afinal, independente das crenças religiosas de cada um, todos entendemos como a figura de Cristo e seus ensinamentos foram e são importantes para a história da humanidade. Então a pergunta que deve ser feita naquele momento entre o estímulo e a fervura é: Como Cristo agiria em uma situação como essa?Cristo é o personagem que sempre nos ensinou muitas lições, e entre as mais importantes temos o altruísmo, o desapego, a paciência, o amor ao próximo, a amizade e a humildade. Então, como Cristo olharia para o pai do meu aluno?

O conflito interno ao qual os estímulos nos submetem e que gera na arena da mente o embate entre o anjo e o diabo, cada um apresentando fortes argumentos para nos induzir a fazer escolhas, é o que deve ser valorizado. Aprendi que é exatamente nesse momento que devemos silenciar a voz do anjo e do diabo e pensar em como Cristo agiria naquela situação, qual seria a atitude de benevolência capaz de resultar no que realmente é melhor e o maior bem. Quando você coloca esse novo personagem na arena da mente, sua luz ofusca o anjo e o diabo, e você vê a situação sob uma nova luz. Um prisma único capaz de induzir reações que antes seriam improváveis.

Então, se olharmos para o conflito entre pai e filha com olhos de benevolência, provavelmente aprenderíamos que não devemos julgar uma pessoa por seu comportamento. As pessoas não são o comportamento queemitem, eles só reagem a estímulos. É como a história do leão furioso que tinha uma lasca na pata. A fúria se devia à dor que sentia. E seu pai provavelmente estava reagindo a algo que o pressionava. Felizmente, tive a oportunidade de conversar com ele no almoço do dia seguinte. Ele revelou que tinha uma doença grave e estava se afastando aos poucos dos filhos, diminuindo sua dependência da proteção do pai. Uma proteção que ele acreditava que não seria mais capaz de oferecer tão cedo.

Olhar para o comportamento das pessoas acreditando

no melhor de cada um as mantém em uma posição diferenciada e diria até privilegiada, pois, preservando valores como paciência, compreensão, benevolência, o ser humano é valorizado. Veja outro exemplo.Pai e filho caminharam juntos até a banca de jornal. Chegando ao local, o pai cumprimentou gentilmente o jornaleiro, que, além de não retribuir a gentileza, também lhe entregou o jornal de forma grosseira e grosseira, sem dizer uma única palavra. O pai sorriu e desejou ao homem um bom fim de semana. Quando os dois voltaram para casa, o filho perguntou:

Pai, ele sempre te trata tão rudemente?

Infelizmente, é sempreentão meu filho.

E você é sempre tão gentil e amigável com ele?

Sim eu sou.

E por que você é tão educado quando ele é tão cruel com você?

Porque não quero que o humor dele determine como devo agir.

Toda vez que você se concentra em um comportamento negativo, você apenas o reforça. Talvez a mente do filho já estivesse inundada de exemplos negativos de reação contra o jornaleiro, que expressou comportamento difícil. Talvez o filho nunca tenha tido a oportunidade de conhecer os valores fundamentais do ser humano, como a compaixão e a paciência, por exemplo, que o pai exercia habilmente naquela situação, evitando uma crise com o jornaleiro.Você pode conhecer casos de amizades de longa data que terminaram simplesmente porque um dia a outra parte se comportou mal. Julgar uma pessoa como se fosse seu próprio comportamento só irá reforçar suas atitudes que machucam e machucam das mais diversas formas, pois, da mesma forma, assim como você reage a pessoas com comportamentos difíceis, outras pessoas reagem a você também. Portanto, ao adotar um comportamento rude, você também pode receber grosseria. E o contrário é verdadeiro: se alguém lhe oferecer docilidade, não lhe custará retribuir, pelo menos, a cortesia. Não é?

Observar o comportamento das pessoas com os olhos da benevolência não é um exercício ou uma técnica. É um compromisso com a sua qualidade de vida, com um ambiente de trabalho mais harmonioso. É uma forma inteligente de encarar a vida e manter o controle em situações de crise. É claro que muitas pessoas acharão o comportamento antiquado e sombrio. No entanto, asseguro-lhe que essas pessoas estão mentalmente anestesiadas, vivendo no modo automático que dita que para cada ação há uma reação impensada.As pessoas esqueceram que é preciso refletir antes de reagir, pois uma resposta automática, um gatilho emocional, só serve para agravar ainda mais uma situação, causando ressentimento, tristeza e ainda maior isolamento social. Dalai Lama nos ensinou: "A não-violência é uma atitude especificamente humana. Baseia-se no diálogo, na compreensão e no conhecimento do outro, na aceitação das diferenças, na tolerância e no respeito mútuo. É motivado por um espírito de abertura e reconciliação".

Agora que você entende as causas da dispersão, falta

de foco e improdutividade, e teve a chance de olhar por um novo ponto de vista não só do seu comportamento, mas também das pessoas que fazem parte da sua vida, vamos ao método que o ajudará a ter autocontrole.Quando temos essa importante ferramenta, todos os aspectos da nossa vida estão alinhados com o que sonhamos e precisamos. Foco e disciplina estão associados à sua capacidade de manter seus sentimentos e emoções sob controle, evitando que eles se percam em devaneios desnecessários e negativos.

Metas Para Desenvolver O Autocontrole

Para desenvolver o autocontrole, você deve priorizar uma boa socialização. A empatia é a tendência de se colocar no lugar do outro e tentar sentir o que ele está sentindo, se estivesse na mesma situação e circunstâncias vivenciadas. Fazer o exercício mental de tentar se colocar no lugar do outro é desafiador, porém, é um desafio que vale a pena, pois com ele você potencializa suas qualidades. Abaixo, você encontrará onze objetivos de autocontrole que o ajudarão a enfrentar confrontos e crises nas relações pessoais e, com isso, estabelecer um ambiente mental livre daquelas pressões profissionais e afetivas que normalmente orbitam a mente humana, gerando desequilíbrio e perda de foco. São onze objetivos simples que não exigem exercícios, mas sim comprometimento com o seu maior objetivo,

Objetivo 1 - Evite Comparações

Quem, na infância, não ouviu a pergunta: "Espelho, espelho, existe alguém no mundo mais bonito que eu?". A malvada rainha do conto Branca de Neve e os Sete Anões passou a vida inteira até a morte recebendo de seu espelho sincero e confidente a mesma resposta implacável: "Branca de Neve é a mais bela entre as mulheres".O sonho da rainha era ser considerada a mais bela entre todas as mulheres, então ela queria ver sua rival aniquilada. Se a Branca de Neve não existisse, o espelho degenerado teria mais consideração por ela, afinal, a rainha má não era feia. A megera envenenou Branca de

Neve com uma maçã, mas não adiantou. A bela invejada acordou do sono com o beijo de um príncipe apaixonado.

E mesmo que trouxessemos essa história para o presente, e a rainha frequentasse os melhores centros de beleza, malhasse por horas, mudasse a cor do cabelo, aumentasse os seios e aprendesse a dança do ventre, ainda ouviria a frase dura: "Branca de Neve ainda é o mais bonito".
Ela poderia quebrar o espelho, chutar a cômoda, demitir o maquiador, contratar o Dr. Rey. A questão ainda permaneceria. O que a rainha má não entendeu é que o protegido dos sete anões era seu pior espelho. Toda vez que ela olhava para o rosto sedutor de Branca de Neve, a rainha reconhecia suas próprias imperfeições. E ela morreu sem ter realizado seu grande sonho.As pessoas são como espelhos. Através deles percebemos nossas melhores qualidades, mas também nossos piores defeitos. Preste muita atenção a uma trupe de dança durante uma apresentação. Mesmo que estejam sincronizados, de vez em quando um deles observa discretamente os outros para ver se está no ritmo certo. Os outros dançarinos são espelhos que a ajudam a compensar o que está errado. Ao observar os outros e seguir os códigos sociais de conduta, você é capaz de reconhecer quem você é, como se comporta e se está fazendo a coisa certa.

Estudar os outros é uma forma silenciosa de avaliar nossas reações, corrigir quaisquer falhas e manter o controle. No entanto, nem todos têm a mesma reação a esses espelhos humanos. É fácil encontrar pessoas sofrendo excessivamente porque distorcem o que refletem nos outros. O ambiente de trabalho é um bom exemplo. Quando um funcionário inseguro observa o comportamento de um colega cujo desempenho é insatisfatório, ele pode pensar: "Ótimo, sou melhor do que ele". Se, por outro lado, o outro é melhor, então ele se aborrece e, como a rainha má, sente vontade de quebrar o espelho que lhe mostra o que ela não gostaria de ver.Viver em sociedade é, de certa forma, viver em comparação. Algumas pessoas cruzam os olhos e se comparam. Naturalmente, das comparações surgem descobertas que, quando mal interpretadas, geram angústia, frustração, irritação ou prazer. Por exemplo, ao comparar idades, quando alguém é mais jovem, há uma tendência a pensar: "Estou ficando velho". Ao se comparar com pessoas mais velhas que usam trajes casuais: "Ridículo. Este velho está se encontrando..."

É necessário todotenha cuidado ao nos comparar com outras pessoas, pois podemos experimentar sentimentos de desejo ou inveja. A rainha má concluiu que estava longe de alcançar a beleza equivalente à Branca de Neve. O resultado: inveja, frustração e sofrimento tornaram-se pensamentos frequentes e viciosos. O problema nunca é o que é observado, mas como interpretamos o que é observado. Aqui novamente o anjo e o diabo entram na arena da mente.Há comparações que produzem sentimentos positivos e nobres, como amor, compaixão, altruísmo e cooperação, para citar alguns. Pode-se olhar para um bêbado mendigando em um semáforo e julgar: "Que vagabundo!". Ou, movido por um sentimento nobre, diga: "Posso ajudá-lo a sair desta vida triste, meu irmão". A identificação dos aspectos positivos das comparações também pode resultar em vaidade, orgulho ou arrogância, enquanto os aspectos negativos podem gerar depressão, tristeza e sofrimento. Portanto, a melhor saída é não comparar, pois olhar para os espelhos humanos, que nos cercam e não sofrer, exige muita lucidez, serenidade e prudência.

Observar como os outros se comportam nos fornece diretrizes, regras de conduta e nos ajuda a estabelecer metas. As crianças fazem isso. É como dizer: "Mostre-me o que devo fazer". Muito legal! O problema é quando apenas observamos e não agimos. Por isso é necessário ter a iniciativa de mudar.Um objetivo para o autocontrole é, na medida do possível, não fazer comparações. Os olhos de comparação não devem aderir ao calor do julgamento moral ou estético, mas sim à empatia do coração. Ao fazer isso, você ganhará um nível surpreendente de melhora nas relações interpessoais e terá paz crescente no foco nas atividades que realiza. Ficar longe da necessidade de comparação é viver sem ter que se comportar como a infeliz rainha do conto da Branca de Neve.

Objetivo 2 – Faça Sua Parte Sem Esperar Nada De Ninguém

Quando estamos com raiva, chateados, desapontados com alguém, sempre há uma avó gentil, uma irmã prestativa ou uma amiga sincera que nos orienta: "Pare de brigar e trate os outros como você gostaria de ser tratado".Então você segue este conselho e trata a todos da melhor maneira possível. Torna-se dedicado, prestativo, compreensivo, companheiro, zeloso na tentativa de agradar e age de acordo com as boas maneiras. Porém, quando chega a sua vez de ser bem atendido, atendido e considerado, você descobre que as pessoas não estão dispostas a retribuir por tudo que você fez por elas. Portanto, ter uma dose emocional de raiva ou decepção é um salto. Guias de sabedoria popular: "Trate os outros como você gostaria de ser tratado...". E é possível acrescentar: "...mas não seja tão ingênuo a ponto de esperar retribuição".

Temos o dever ético de retribuir as gentilezas que recebemos. No entanto, é preciso entender que nem sempre a retribuição se dá da forma que desejamos e nem sempre no tempo esperado. É bastante comum encontrar pessoas sofrendo por causa de ações não correspondidas. A fonte do sofrimento está na necessidade de reconhecimento — e essa busca pela prova de que seus esforços são reconhecidos gera estados de espírito negativos que os impedem de ver o que realmente precisam fazer, quais são suas prioridades. Por outro lado, a pessoa resolvida, convencida de suas decisões e altruísta em suas ações, não precisa de reconhecimento e, portanto, não sofre.Entenda: resistir ao desejo de ser reconhecido é um comportamento nobre. A renúncia ao excesso de vaidade, o reconhecimento, a preferência pelos bastidores favorece o autocontrole e a paz interior. O relacionamento humano é uma arte que depende essencialmente do bom senso, equilíbrio, empatia, compreensão e respeito ao lidar com a singularidade de cada um. Renunciar ao desejo de reconhecimento e assumir a humildade é um caminho para o sucesso nas relações interpessoais. Estenda seu braço para quem precisa, sem esperar reconhecimento. Faça sua parte seguindo os valores universais de bondade, altruísmo, honestidade, ética, respeito e verdade. E acredite, você estará no caminho da paz de espírito.

Objetivo 3 - Alcançar A Realização Através Da Humildade

Um dos maiores erros que cometemos é confundir humildade com submissão. O ato de se submeter a uma autoridade, regra ou força imposta de forma dominante é a postura do sujeito submisso. A disposição de aceitar um estado de dependência ou um estado de degradação servil é considerada uma atitude de submissão.A humildade representa outro traço comportamental. É a virtude que lhe dá o sentimento, a identificação e o reconhecimento de suas fraquezas. A humildade nos ajuda a reconhecer nossas imperfeições e limites, mas de uma forma diferente da crítica, que expõe todas as nossas fraquezas. O crítico às vezes nos pega de surpresa e nos deixa indefesos, vulneráveis. Não temos tempo para nos proteger: primeiro sofremos o impacto, depois tentamos nos recompor.

O humilde é mais esperto: já que não pode ser alvo da metralhadora do crítico porque reconhece antecipadamente suas imperfeições. O homem humilde que trabalha duro para corrigir suas fraquezas é sábio, pois o crítico não precisará lembrá-lo da necessidade de mudança em momento algum. A humildade já antecipa o que precisa mudar.Os humildes abordam todas as pessoas com humanidade, respeito e, quem sabe, até um pouco de reverência, sem discriminação de classe ou credo. Quer saber se pessoas humildes são bem sucedidas na comunicação ou são capazes de influenciar alguém? Preste atenção ao que dizem os psicólogos: "As pessoas são mais receptivas ao que será dito quando começamos por admitir humildemente que também estamos longe de ser perfeitos". Usando bem a humildade e a educação nos contatos diários, podemos fazer verdadeiros milagres nas relações humanas. Essas duas virtudes andam de mãos dadas e são a chave para o sucesso pessoal e profissional. Jesus Cristo, o maior de todos os homens, "se fez pequeno para fazer grandes os pequenos", segundo o pesquisador Augusto Cury, que analisou a personalidade e a inteligência de Cristo. É preciso entender que para cada ato há um efeito. A humildade nos fortalece, assim como a crítica e a submissão nos enfraquecem. As mulheres do século XXI são mais fortes porque não se submetem mais à dominação masculina. Hoje, os homens conhecem e experimentam o poder e a força que as mulheres guardavam em sua submissão.

Todos nós temos um talento especial, mas temos que ser sutis ao divulgá-lo para outras pessoas. Quem fala demais muitas vezes erra! No mercado de trabalho precisamos vender nossas melhores qualidades, mas nas relações sociais esse comportamento é perigoso. Gosto de basear minha vida social, acadêmica e profissional em um pensamento de Lord Chesterfield: "Seja mais sábio do que as outras pessoas, se puder; mas nunca diga isso a eles."Nunca, em nenhum momento de sua vida, mesmo de brincadeira, diga aos outros diretamente que você sabe mais, pode fazer melhor ou entender o assunto. Evite mostrar superioridade material, física ou intelectual a pessoas por quem você sente afeto. Esse comportamento pode ser humilhante, pois você sabe que muitos sonham, mas poucos conseguem. Se você precisa mostrar suas conquistas, seja sutil. Humildade é sinal de inteligência, afasta crises e só agrega mais gente ao seu círculo social.

Meta 4 - Aprenda A Receber Críticas

Há pessoas que nos criticam para nos alertar sobre escolhas erradas que fizemos ou estamos prestes a fazer. Outros criticam porque é a forma que encontraram para chamar a nossa atenção, porque no fundo querem o nosso bem. Toda crítica, que vem de pessoas sábias, honestas e bem intencionadas, pode ser vista como um conselho, como um privilégio."As pessoas são como tapetes: de vez em quando precisam ser sacudidas", diz um provérbio grego. Se levássemos a sério esse provérbio, no entanto, criaríamos um terreno fértil para mal-entendidos e hostilidades nos relacionamentos, pois muitas vezes esse abalo acontece em momentos críticos e, de fato, ninguém gosta de ser criticado. Para uma pessoa mais discreta e autoprotetora, a crítica tem um poder especial de levantar o véu e revelar todas as suas fraquezas. A crítica visa desacreditar quando alguém que não gosta de você usa isso como arma. E essa arma perigosa pode ser usada em tudo o que o crítico faz, afinal, uma crítica feroz revela suas fraquezas ocultas e isso o enfraquece. Nesse momento, você descobre que a crítica tem o poder de derrubar todas as cortinas e revelar as fraquezas que muitas vezes preferiu esconder.

Por outro lado, a crítica também nos traz uma grande oportunidade quando nos concentramos, meditamos e aprendemos mais sobre o comportamento alvo da crítica. Nessas oportunidades, temos a chance de melhorar. Por exemplo, no final dos meus seminários, sempre tomo o cuidado de pedir aos alunos que me enviem mensagens de feedback. Recebo centenas de mensagens com agradecimentos e elogios, mas quando surge uma crítica eu presto ainda mais atenção porque sei que pode haver algo ali que eu possa melhorar.Algumas pessoas sofrem com as críticas que recebem porque têm o hábito de associá-las à censura, depreciação ou descrédito. No entanto, existe o lado positivo da crítica e, para enxergá-la, é preciso mudar o foco. Somos mais fortes quando aprendemos a ouvir humildemente o que os críticos têm a dizer.

Quando alguém buzina para você quando percebe que você vai atravessar a rua, não é para assustá-lo, mas simplesmente para alertá-lo do perigo. A intenção do motorista, ao acionar o irritante alerta sonoro, não é chamar você de distraído oudizendo que não sabe atravessar a rua, mas sim evitar uma possível tragédia. Este é o exemplo de um crítico que se preocupa com o nosso bem-estar. Também é fundamental analisar a origem das críticas, para conhecer melhor a intenção de quem nos criticou. Há pessoas que querem nos ajudar, mas não têm bons argumentos ou não sabem se expressar bem, fazendo com que nos sintamos repreendidos. Não conhecem outra forma de ajudar, acham que com críticas podem chamar nossa atenção e nos favorecer de alguma forma. É um comportamento que geralmente ocorre dentro de casa, no relacionamento dos cônjuges e entre pais e filhos.

Há também críticos amargos e mesquinhos que falam para tentar nos prejudicar. Fazem críticas sem qualquer fundamento, justificativa ou responsabilidade. Você tem que aprender a lidar com esse tipo de crítico. Não é difícil vencê-lo; basta uma pequena dose de paciência, uma pitada de equilíbrio e bom senso a gosto. Responder às críticas é admitir que o adversário está ganhando. É sábio saber ignorar.A prudência também pede para não confundir o bom senso com a passividade. O senso comum é a faculdade de discernir, antes da ação, o que é certo ou errado, verdadeiro ou falso. O homem de bom senso tem a sabedoria como sua conselheira. Se ela pede para ele não reagir, ele se sente em paz. A passividade, por outro lado, pede para aceitar prontamente, ou não reagir. No entanto, neste caso, criam-se sentimentos de submissão, culpa e derrota. A chave para o autocontrole está em aprender a não interpretar todas as críticas como uma observação negativa ou censura, mas aceitá-las como algo que pode trazer mudanças para melhor. Então ouça o que os críticos honestos têm a dizer. Preste atenção às suas mensagens e seus ensinamentos. Dobre sua atenção enquanto ouve as lições e o conhecimento.

Objetivo 5 - Não Critique

Aqui está um paradoxo: enquanto o tópico anterior ensina você a receber críticas, este orienta você a não criticar. Se saber aceitar a crítica é um ato de humildade ea inteligência, não a crítica, revela uma pessoa cautelosa, dotada de admirável bom senso e sabedoria, qualidades de quem tem domínio próprio. Se você quer motivar alguém, saiba que a crítica não é o recurso certo. Interesses e necessidades direcionam as ações dos homens na vida cotidiana. Assim, o bom desempenho ou não nas atividades do dia a dia é determinado pelo grau de motivação. A maioria das pessoas não é motivada por críticas, mas por afeto, elogio, recompensa, desafio ou recompensa. No caso da comunicação, é preciso saber que, para todo tipo de mensagem enviada, há uma reação por parte do receptor. Quem se comunica com respeito, colhe reconhecimento, admiração. Napoleon Hill disse:

"Leva um segundo para fazer uma censura, mas quem a recebe pode levar uma vida inteira para esquecê-la".

Essa afirmação também pode ser confirmada por meio dos mecanismos neurais do cérebro, pois a memória humana é uma função protetora sofisticada: ela registra facilmente todas as experiências que nos causam sofrimento e nos incomodam. A crítica, quando interpretada como censura ou descrédito, pode causar sofrimento, tristeza ou raiva. Sentimentos que desencadeiam processos de arquivamento no cérebro, ou seja, quem é criticado não esquece a crítica, muito menos quem a fez.Resposta: você tem o hábito de criticar seus filhos, irmãos, parentes, amigos, colegas de trabalho, clientes, cônjuge e outras pessoas ao seu redor? Você costuma reclamar de tudo ou criticar quando a pessoa criticada não está presente? Se a resposta for sim, talvez você esteja lentamente perdendo a confiança das pessoas, destruindo sua rede de relacionamentos, afastando todos do seu círculo de convívio. O bom senso condena quem critica, repudia quem fala mal dos outros e rejeita quem sempre reclama da vida. Para as pessoas, esses indivíduos não são dignos de respeito ou confiança. Você confiaria informações importantes a alguém que é caluniador ou que está constantemente criticando os outros? Certamente não! Ninguém confia em pessoas assim.

Quem critica impiedosamente também é alvo de duras críticas e zombarias. Pode ser considerado arrogante ou irritante da classe. tem o estigma de
mal-humorado, "senhor sabe-tudo" ou "o dono da verdade". Ele é alguém indigesto para a maioria das pessoas.Por outro lado, tem aquele cara que critica na tentativa de ajudar. Ele é como o bom samaritano,

personagem da parábola de Cristo apresentado como modelo de bondade. A observação desse tipo de pessoa, como vimos anteriormente (na meta 4 – Aprenda a receber críticas), é bem-vinda, pois muitas vezes suas críticas podem trazer ensinamentos valiosos. No entanto, é preciso serenidade e discernimento para identificar esse tipo de crítica. A sociedade em geral não o reconhece. Ele recebe suas críticas com hostilidade e as vê como intromissão.

É importante lembrar que a pessoa criticada se sente fragilizada, sente suas fraquezas expostas. Ele dificilmente será passivo e certamente reagirá ao crítico. As pessoas em geral condenam o crítico ao isolamento porque se sentem ofendidas. O crítico é imediatamente banido do grupo.Então, se você tem uma crítica para alguém, antes de fazê-la, pare, reflita e, se necessário, decida pelo silêncio. Tomemos como exemplo o famoso piloto de Fórmula I Ayrton Senna. Ao ser questionado por um repórter por que não gostava de dar entrevistas, ele respondeu que, se não tinha nada de bom para dizer, preferia ficar calado. Para ter autocontrole e sucesso como pai, profissional, chefe ou comunicador, é necessário observar plenamente todos os conselhos e críticas que você dá aos outros. Uma grande mudança acontece quando nos tornamos comunicadores conscientes. Espalhar boas sementes todos os dias através de nossos contatos nos dá a certeza de colher sempre os melhores frutos. Assim, recebendo o privilégio de uma colheita abundante, teremos apenas motivos para nos regozijar.

Objetivo 6 - Não Julgue

Você já reparou que julgar é o mesmo que dar uma sentença? Que quando julgamos, nos colocamos na posição de árbitro que sentencia sobre os atos deoutras pessoas? Julgar sem evidência é a maneira mais rápida de gerar crise e perder o controle, porque o julgamento não pode ser medido. Não existe julgamento mais forte ou mais fraco, julgamento é julgamento! Quando feito às pressas ou sem fundamento, o julgamento choca e transforma uma conversa leve em um desacordo sério. O julgamento não é do anjo, mas do diabo mental. Jesus nos ensinou a não julgar, porque todos os nossos julgamentos serão errados. Julgar é considerado uma característica dos tolos. Uma pessoa que julga outra deve prestar muita atenção ao que ela diz, pois ao avaliar seu próximo, certamente estará falando de si mesma. Vamos entender melhor. Testei participantes em meus seminários de liderança. Pedi às pessoas que escrevessem em uma folha de papel três características negativas de seus superiores. Eu literalmente os forcei a julgar. Você também pode fazer este teste agora, antes de continuar lendo. Complete a frase escrevendo três características negativas, ou seja, faça três julgamentos:

<u>Meu Chefe É...</u>

Pois bem, ao final da prova pedi a cada participante que lesse o que havia escrito e respondesse honestamente à seguinte pergunta: "Os aspectos negativos sobre seu chefe que foram anotados na folha existem em você?". Para surpresa de todos, todas as pessoas tinham dentro de si a mesma característica apontada no confronto.Um dos participantes havia escrito: "Egoísta, covarde e vaidoso". Ele ficou perplexo, pois quando julgou, na verdade havia escrito sobre si mesmo. Ele admitiu que era egoísta, covarde e muito vaidoso, o que significa que fez um julgamento baseado em seu próprio comportamento. É como perceber algo simples: toda vez que você aponta um dedo para alguém, mais três são apontados para você.

No julgamento, é exatamente isso que acontece. Não é possível julgar alguém sem antes buscar as características que consideramos erradas em nossa própria experiência de vida. Isso acontece porque o ser humano só identifica o que já conhece. Então, quando essa verdade é descoberta, em vez de nos irritarmos com as críticas e julgamentos que recebemos, devemos considerá-los engraçados, pois quem nos julga está falando de si mesmo. Quando nos dizem: "Você é arrogante, negligente, preguiçoso", no fundo, porém, sabemos que o outro está refletindo sua própria imagem em nós, ou seja, o ataque é contra ele mesmo. Você pensará: "Eu sou o espelho que reflete sua imagem".Estamos falando com espelhos o tempo todo. São as pessoas com quem interagimos. E o que vemos refletido em seus rostos talvez seja exatamente a reação ou reflexo do sentimento que expressamos por meio de nossas atitudes. Com um pouco de atenção, bom senso e paciência, você poderá conhecer melhor seu interlocutor. Verifique se, de acordo com o tipo de julgamento que está fazendo, é ele quem deve mudar e quem precisa de ajuda. Ao pensar e agir dessa forma, você não perde o controle, não se rebela, gerencia melhor a conversa e evita mal-entendidos.

Meta 7 - Aprenda A Receber Conselhos

Tem gente que não gosta de receber conselhos e tem gente que recebe como se ganhasse um bilhete premiado. É perfeitamente razoável admitir que, quando bem utilizados, conselhos valiosos, vindos em um momento de dificuldade ou conflito, podem ajudar a encontrar o caminho através de um labirinto de indecisão, mudando radicalmente a vida para melhor.O saber popular nos ensina que os conselhos são fontes valiosas de informação e aprendizado. E quando oferecidos por pessoas qualificadas, tornam-se privilégios. No entanto, se receber bons conselhos é um privilégio, então por que a maioria das pessoas não gosta de ouvi-los? Por que alguns comunicadores e líderes recusam e até repudiam os "corcundas de plantão"? Mais uma vez, Millôr Fernandes usou o bom humor para tentar explicar esse fenômeno, declarando que "o vago sentimento de ofensa que você sente, ao receber conselhos, vem do fato de você perceber que o outro sabia o tempo todo que você estava se dando bem . ". Com essa afirmação, Millôr esteve muito perto da verdade, mas não é só isso.

Algumas pessoas investem muito tempo e dinheiro em sua imagem. Eles criam um mundo de fantasia e tentam mostrar que são diferenciados. Outros insistem que os outros saibam que eles têm seu jeito original de ser e constroem seus castelos com base em rótulos, marcas e atitudes. A vida desses indivíduos parece perfeita e feliz até o momento em que surgem conselhos francos e práticos. E você sabe o que o conselho pode fazer? Para derrubar toda aquela ostentação, para revelar a pessoa frágil e artificial escondida ali, alguém que não era o que parecia ser. E isso a deixa com raiva.Uma pessoa que tem medo de perder sua reputação de "sabe-tudo" rejeita conselhos de todas as maneiras e afasta os conselheiros de sua vida. Há pessoas que temem ter sua privacidade invadida ou seu estilo pessoal alterado. Devido ao seu excesso de auto-indulgência, eles têm uma enorme resistência a mudanças e conselhos. Os acomodados dizem: "Se eu já sei fazer desse jeito, por que aprender outro?". Os orgulhosos ou aqueles que estão relutantes em mudar sua maneira de pensar dirão: "Imagine, se eu fizesse isso, o que eles pensariam de mim?"

Excelência não é para todos. Um dos segredos do autocontrole é estar sempre disposto a aprender, mesmo que o conselho venha de uma criança. Indivíduos bem-sucedidos em várias atividades têm uma característica em comum: gostam de ouvir conselhos e gostam de ouvir a opinião dos outros. Quando alguém diz que tem um conselho, lá está ele, conectado, ouvindo atentamente.Para você ter autocontrole é necessário ter conhecimento e ainda reconhecer que há muito o que aprender. Ouvir conselhos é assumir uma nova experiência, é crescer intelectualmente sem ter que se forçar. Mesmo que naquele momento não seja conveniente aceitá-lo, pode ser útil para você em outro momento.

Objetivo 8 - Não Aconselhe

Não aconselhar é uma maneira simples de preservar relacionamentos. Quando você fala com outras pessoas para o bem delas, isso é um conselho. Quando falam para o seu próprio bem, é intromissão. Você provavelmente já ouviu pessoas reclamando inúmeras vezes que "fulano de tal adora colocar o nariz onde não deve".A reclamação popular tem suas justificativas. Algumas pessoas, quando encontram alguém focado, tentando resolver um problema difícil, ficam tentadas a ajudá-las. Se conhecem um caminho que lhes parece mais fácil, não resistem e dão uma "palestra" sobre a melhor solução. Em outras palavras: quando o conselho é carregado de arrogância, gera um sentimento de humilhação. Este é um dos poderes negativos do conselho. Você deve ter notado um paradoxo aqui, uma contradição com a orientação anterior: receber conselhos. Na anterior pedi para aprender a receber conselhos, e agora peço para não aconselhar. Você pode estar pensando: "Mas, afinal, para onde esse autor quer chegar?".

Eu vou explicar.Dar conselhos gratuitos, sem ser solicitado, é a maneira mais fácil de expressar nosso desejo de ser útil. A pessoa precisa colocar em prática, fazer valer a pena tudo o que aprendeu e acumulou em sua memória ao longo de sua vida. No entanto, o hábito de dar conselhos, sobre qualquer coisa e para qualquer pessoa, pode ser perigoso. Para quem gosta de dar conselhos, há um ótimo: digite todas as suas opiniões, ideias e conselhos no computador e faça um livro. Dessa forma, seu material encontrará um público realmente interessado e disposto a tentar implementá-lo. Se você entendeu a orientação do tópico anterior, sabe que é uma boa ideia obter conselhos à medida que se torna mais flexível e experiente.

Ao mesmo tempo, também é importante entender que o aconselhamento nem sempre é uma boa ideia. Seria exatamente o oposto de dar e receber. Trata-se literalmente de não dar e receber, exceto nos casos em que você é obrigado.Muitas vezes, a boa intenção de ajudar sem ser solicitado pode atrapalhar. Para ilustrar, cito uma mãe que vive antecipando tudo o que seu filho precisa. Ela pode, com esse comportamento, retardar o desenvolvimento da fala do filho, por exemplo. Um dos motivos que levam uma criança a desenvolver a fala é a necessidade. Quando é atendida prontamente sem a menor manifestação de desconforto, ela não sente necessidade de falar.

Algumas pessoas gostam de enfrentar desafios, são motivadas pelo desejo de encontrar soluções para suas dificuldades sozinhas. No entanto, quando alguém chega com uma resposta pronta, sente-se frustrado.Os mais jovens são idealistas, adoram novos desafios, gostam de encontrar novas soluções para problemas comuns. No entanto, muitos adultos generosos e ansiosos por se sentirem úteis interrompem a investigação desses jovens. Eles trazem respostas instantâneas e matam a criatividade do aspirante. Primeiro, você tem que deixar a pessoa em dificuldade tentar encontrar uma solução por conta própria, depois, se ela não encontrar, oferecer ajuda. Ele julgará se sua ajuda é necessária e bem-vinda ou não. Como alternativa melhor, apenas aconselhe quando solicitado, pois ser visto como um intrometido é o julgamento mais comum. O hábito de dar conselhos a quem não pede pode prejudicar o relacionamento devido a uma possível interpretação equivocada de sua atitude por parte do outro. Mais perigoso que isso: avisos imprevistos podem despertar valores e crenças arraigados,

É verdade que nem todo conselho é ruim, e também é verdade que nem todas as pessoas o desprezam. Uma pessoa madura, com uma vida agitada e cheia de compromissos, saberá aproveitar melhor as sugestões.

Um verdadeiro líder também não recusará uma boa gorjeta. Na verdade, esse é um segredo dos comunicadores de sucesso! Eles ouvirão atentamente seus conselhos para economizar tempo e energia e não o aconselharão a não gerar desgaste.E o que fazer quando você precisa de conselhos? Resistir ao desejo de aconselhar é um desafio, especialmente para os mais experientes. Requer um esforço imensurável para isso, bem como uma vigilância constante para não se pegar distribuindo opiniões. Sabemos que existem alguns momentos na vida que requerem uma intervenção rápida e precisa para resolver uma situação. São momentos em que vários interesses estão em jogo, tanto os seus como os da pessoa que você aconselha. Ao perceber que a pessoa está cega para os acontecimentos importantes ao seu redor, ofereça o conselho, mas com serenidade e sabedoria. Leia abaixo algumas situações em que será importante intervir através de opiniões ou conselhos.

<u>Apenas Aconselhe Ou Opine Quando Convidado.</u>

As pessoas só pedem conselhos quando têm dificuldade em escolher uma alternativa ou se sentem incapazes de tomar decisões por si mesmas. Portanto, eles apelam para a opinião dos outros. Colegas de trabalho, parentes ou amigos podem pedir sua opinião sobre os fatos que importam para ajudá-los a fazer a melhor escolha. Nesse caso, coloque toda a sua experiência à sua disposição e aconselhe à vontade.

Aconselhe Apenas Se A Pessoa For Humilde E De Mente Aberta.

A predisposição do sujeito para aceitar opiniões ou conselhos é condição fundamental para manter um relacionamento positivo. A pessoa receptiva, humilde ou não preconceituosa aproveita melhor as sugestões apresentadas. Ela não se ofende com o que você diz, mas fica satisfeita e grata por sua ajuda. No entanto, cuidado com os excessos!

Aconselhe Apenas Quando Não Envolver Um Relacionamento Romântico.

O tipo de conselho mais perigoso é aquele que envolve o parceiro, amigo ou cônjuge de outra pessoa. Por exemplo: como você é seu amigo, você acredita que tem o dever de avisar uma pessoa que ela está sendo traída e dizer a ela: "Fulano não te serve, ele está te traindo…". O que acontece? A revelação certamente desencadeará uma crise nesse relacionamento, que pode colocar todos contra você. Mesmo que seja revelando a verdade absoluta, há pessoas que preferem não acreditar no que estão ouvindo. Outros estão cientes do fato, mas fecham os olhos por várias razões. Em um relacionamento romântico, a ordem é: "problemas entre marido e mulher, é melhor não meter a colher".

Aconselhe Apenas Quando A Pessoa Não For Capaz De Encontrar Uma Solução Por Conta Própria.

É comum encontrar pessoas sem iniciativa, capacidade e experiência suficientes para tomar decisões por conta própria. Muitos deles nem sabem como buscar ajuda, precisam ser descobertos para que possam ser orientados sobre o que devem ou não fazer. Um exemplo pode ser um empregado que tem medo de admitir uma falta de competência para o empregador. O medo de perder o emprego pode ser o motivo de você parar de pedir ajuda. Quando estiver diante de pessoas com esse perfil, tenha a sensibilidade de perceber o momento em que seu comportamento e olhar lhe pedem ajuda.

Aconselhe Apenas Quando A Pessoa For Uma Ameaça À Vida.

Sabe-se que certas lições aprendidas ao longo da vida proporcionam experiências valiosas e positivas no aspecto evolutivo. Afinal, as dificuldades que passamos servem para nos fortalecer. As árvores mais fortes são aquelas que crescem em ventos e tempestades. Assim, a verdadeira coragem nasce da maturidade, que nasce das experiências.Permitir que as pessoas cometam erros de tempos em tempos facilita o crescimento pessoal e o desenvolvimento de um senso de responsabilidade. Quando se trata de crianças, a prudência é necessária. Não podemos ser negligentes e deixar que a experiência gere sofrimento profundo. Se precisar de aconselhamento, faça-o com segurança.

Aconselhe Apenas Quando Houver Risco De Grande Perda De Material.

Os danos materiais também fazem parte do crescimento pessoal e do sentido de responsabilidade. Um jovem que gasta irresponsavelmente todo o dinheiro da mesada merece ficar sem um tostão até o próximo mês. Sem problemas! Ele aprenderá a valorizar seu pequeno patrimônio. Se você souber de alguém que está prestes a dar um passo em falso, que resultará em sérios danos materiais, não hesite em alertá-lo. Uma grande perda desse tipo pode levar a uma profunda tristeza e depressão.

Avise Apenas Quando As Ações Da Outra Pessoa Colocam Sua Propriedade Ou Vida Em Perigo.

O gerente da sua empresa está negociando com um fornecedor desonesto ou um funcionário está comprando salgadinhos de um restaurante com higiene duvidosa. Estes são exemplos de situações que colocam em risco o seu negócio, a sua saúde e a dos seus colaboradores. Nesse caso, é hora de dar alguns conselhos. Convencido, exponha sua opinião sem medo de errar.

Aconselhe Apenas Quando Não For Possível Fazer Mudanças Radicais No Modo De Pensar E Agir Da Outra Pessoa.

Se você sabe que seu conselho pode causar uma mudança radical na maneira de pensar ou agir da outra pessoa, não o ofereça. Caso contrário, você corre o risco de influenciar profundamente o comportamento dela a ponto de confrontar sua individualidade. Ela vai começar a fazer o que você sugeriu e não o que ela realmente gostaria de fazer. Resultado? Se você está vivendo do jeito que foi aconselhado, ele sempre recorrerá a você quando estiver com problemas. É como se ela colocasse a responsabilidade de sua própria vida em suas mãos. E isso não é uma boa ideia!

Aconselhe Apenas Quando O Conselho NÃO Envolver Decisões De Longo Prazo.

Há quem não saiba decidir sobre o seu próprio futuro. Se alguém lhe perguntar qual carreira escolher, sugira que faça um teste de carreira.O risco de oferecer conselhos, com resultados a longo prazo, é ser responsabilizado pelo sucesso ou fracasso da pessoa. Suponha que alguém aceite sua sugestão e se junte à Direita, mas quando se lança no mercado percebe que não era exatamente o que queria. Na frustração, a pessoa pode lembrar que foi você quem a aconselhou. Você não quer ser culpado pela frustração de outra pessoa, quer?

Aconselhe Apenas Se Você Entender Que A Pessoa Está Deprimida Ou Triste

Tentar aumentar a auto-estima de uma pessoa deprimida por meio de opiniões, conselhos e frases motivacionais às vezes é um comportamento absolutamente útil. Pode não ter um resultado imediato, mas ajuda a gerar um sentimento de esperança. Orientar a pessoa a sair da cama, sair de casa, ver a luz, praticar exercícios pode ajudar muito. Mais do que orientar, segurar a mão dela e ajudá-la a se conduzir na vida é o melhor caminho.

Aconselhe Apenas Se Você Estiver Em Uma Posição De Liderança.

Nesse caso, o conselho atua como um guia. É a orientação do líder que deve ser seguida à risca. E se o objetivo do líder é conseguir colaboração, então ele terá que construir o quadro suavemente para gerar conscientização por parte do colaborador.Sensibilizar as pessoas é a arte de chegar ao coração. É convincente através da verdade. Exige empatia, responsabilidade e sensibilidade. Um subordinado sensibilizado pelo líder responde com entusiasmo: "Ótimo! Isso é o que eu queria ouvir. Eu até tenho algumas ideias que você pode gostar e que vão facilitar nosso trabalho." É fácil identificar um funcionário sensibilizado. Apenas observe a expressão de encantamento. O brilho nos olhos é um sinal de entusiasmo e paixão.

Meta 9 - Fazer Declarações Positivas

Proponho iniciar este tópico fazendo um exercício simples: leia as frases a seguir, mas não pense na resposta."Três vezes três..." "Escreveu, não leu..." "Uma batatinha quando nasce..." "Quem não se comunica..." Agora responda: o que aconteceu? Exatamente o contrário de o que foi perguntado, não foi? As respostas apareceram independentemente de sua vontade. Você até tentou não pensar, mas pensou! Vamos entender o porquê. Nossa mente está preparada para processar todas as frases como positivas. Então, se eu pedir a alguém para não pensar em uma girafa vermelha usando óculos escuros, o que acontece? Você já pensou sobre isso, não é? Para entender meu pedido, a mente teve que gerar a informação não solicitada, ou seja, deve primeiro criar a girafa vermelha e depois entender que não poderia ter pensado nela, mas é tarde demais. Reflita sobre o impacto desse fenômeno nas relações humanas.

Imagine que alguém está iniciando uma apresentação. Tem à sua frente um público de cinquenta pessoas, todos simpáticos, receptivos e concentrados. Ele educadamente chama a atenção do público pedindo que eles não percebam a pequena mancha de café que acabou de pingar em sua camisa branca. O que acontece nesse momento? O público deve primeiro notar a camisa do orador e depois tentar prestar atenção à mensagem. Tarde demais! Os que notaram vão prestar mais atenção, e os que não notaram agora vão voltar sua atenção para a camisa. De qualquer forma, a mancha vai chamar mais atenção do que a pauta apresentada na palestra. Seguiu-se o conflito interno.Quando interagimos com as pessoas, muitas vezes conseguimos o que não pedimos. Certa vez, por exemplo, acompanhei um amigo durante seu trabalho de vendas. Ele prestou um excelente atendimento ao cliente e o pedido foi praticamente fechado. Porém, em um momento de descontração, voltou-se para o cliente e fez o seguinte comentário: "O importante é não pensar no saldo bancário".

Naquele momento, sua sentença emitiu um comando mental (não pense no saldo bancário). Você já está se perguntando o que aconteceu, não é? O cliente olhou para o espaço, pensou por alguns segundos, lembrou-se de que tinha alguns cheques na praça e depois disse que achava melhor cancelar o pedido. Ao dizer "não pense no saldo", o vendedor recebeu o que não pediu, ou seja, para entender a mensagem, o cliente precisava primeiro pensar no saldo bancário! Portanto, evite frases com construção semelhante a estas:

eu não queroque você pensa sobre os problemas.

Não quero que você se preocupe.

Não dê atenção a isso.

Não pense nessa doença.

Não há mal nenhum em usar a palavra "não", mas é recomendável usá-la com cautela para evitar comandos mentais negativos. Fale ou pense apenas frases positivas, ou seja, em vez de dizer "não pense nessa doença", diga "Pense em como você estaria agora se estivesse saudável". Em vez de dizer a uma criança: "Não quero que você xingue", explique: "As pessoas gostam de receber elogios, não palavrões". Devemos sempre chamar a atenção para o que é realmente importante e não para os aspectos negativos.

Objetivo 10 – Fale Menos, Reflita Mais

Tem gente que gosta de conversar. Alguns, quando começam a falar, nunca param, não dão aos outros a oportunidade de se expressar, perdem a noção do tempo e acabam causando desconforto. As pessoas que falam demais irritam o ouvinte com sua longa conversa.

Recebem o rótulo de "chato", porque contam tudo de ponta a ponta, com todos os detalhes imagináveis.Grandes líderes e comunicadores recomendam: fale apenas o necessário porque ninguém aprecia quem só sabe falar de si mesmo. Essas criaturas falantes gostam de falar sobre suas experiências, seus projetos, seus gostos e seus interesses. Eles expõem suas ideias e pontos de vista sem que ninguém os tenha perguntado. As pessoas que falam demais não o fazem aleatoriamente. Eles escolhem uma vítima, apontam a metralhadora e disparam tagarelice sem fim, exteriorizando tudo o que pensam, sem nenhum filtro. O cara que fala demais pode precisar desabafar ansiedades, medos, frustrações e até mesmo compartilhar alegrias e boas notícias. Ele precisa encontrar uma válvula de escape, alguém para ouvi-lo, senão ele explode!

Em geral, esse tipo de pessoa adora discutir assuntos polêmicos em momentos inoportunos, fala demais sem dar chance ao interlocutor se expressar e o pior: não sabe identificar sinais de impaciência, insatisfação ou aborrecimento.As pessoas emitem sinais de irritação quando não estão interessadas em ouvir o que alguém tem a dizer. Eles podem erguer as sobrancelhas e lançar um olhar de desprezo; torcer o canto da boca; bocejar; olhe para tudo, menos para o orador; tamborilar com os dedos em ritmo acelerado; consulte sempre o relógio; apoiar a cabeça na mão e o cotovelo na mesa; dizer "sim..." por preguiça de responder e até mudar de assunto, interrompendo abruptamente a conversa.

Imaginemos um sujeito falante que resolve explicar tudo o que sabe sobre clonagem humana, mas alguém o interrompe e diz: "Aliás, preciso me matricular no curso de espanhol". Enquanto um fala sobre clonagem, o outro pensa em um curso de espanhol. Este é um sinal claro de quem não está interessado no assunto em questão.Comportamentos como esse e sinais de irritação nem sempre devem ser interpretados como negligência por parte do ouvinte. É uma questão de prioridade. Para alguém emitir sinais de irritação, provavelmente é porque naquele momento deve haver algo mais importante a fazer. O desafio, então, é combinar a disposição do falante com a disponibilidade do ouvinte, ou seja, encontrar o momento exato para falar. Um amigo me disse que quase perdeu o voo uma vez porque encontrou um amigo no aeroporto e perguntou: "Como você está?". E ela decidiu explicar. Ela falou sobre sua vida, se empolgou e não parou de monólogo por um único minuto. Ele não sabia como interrompê-la para mencionar que seu embarque já havia terminado. Tive que fugir sem dar uma explicação!

À primeira vista não é possível identificar um sujeito que fala demais. Infelizmente para nós, não percebemos isso até que a conversa começou. Então, para sair graciosamente dessa situação sem se irritar e sem machucar o interlocutor, proceda da seguinte forma: olhe nos olhos, segure a mão da pessoa com firmeza (isso deve fazê-la parar de falar imediatamente e prestar atenção em você) e dizer- gentilmente: "Perdoe-me, quero muito falar com você, mas terá que ser depois de resolver o compromisso urgente que tenho agora. Em breve poderemos sentar e discutir mais sobre esse assunto."Pronto, agindo assim, você evitará desgastes e incômodos, além de confortar e deixar a pessoa mais receptiva. Portanto, fale apenas o necessário para evitar constrangimento e exposição excessiva. Isso é essencial para o autocontrole.

Objetivo 11 – Tanto Quanto Possível, Sempre Diga A Verdade

Em meados de 2002, todas as emissoras de televisão e todos os jornais do país noticiavam o caso de uma mulher que teve sua mentira exposta depois de dezesseis anos. Uma senhora goiana sequestrou um bebê na maternidade e inventou uma série de mentiras para explicar o surgimento da criança em casa.Ela mentiu para o marido, que teria morrido acreditando ser o pai da criança. Demorou dezesseis anos para o castelo desmoronar e a mentira sair e, assim, a mãe sequestradora começou a viver num inferno mental. O adolescente descobriu que não era seu filho biológico. O fato, na época, ficou conhecido como O Caso Pedrinho. Este caso, de repercussão nacional, nos deixa uma importante lição: a mentira é um recurso que não compensa. É pior que a doença, porque há mentiras que devem ser sustentadas por toda a vida, corroendo a alma. Aquela mulher viveu dezesseis anos com uma doença e finalmente se libertou. Ela pode estar sofrendo sérias consequências com sua mentira: processos judiciais, revolta familiar, humilhação e tantos outros efeitos negativos. No entanto, ela se livrou da doença. Arrisco-me a dizer que a verdade, saindo, foi o melhor para ela. A doença acabou, agora ela está livre da prisão psicológica que criou.

Mentir é como fazer um pacto do mal: no começo você obtém alguns benefícios, você respira mais fácil, a vida se torna mais simples, você assume o controle da situação e os problemas imediatos são resolvidos. A mentira é um recurso para os acomodados e imediatos. No entanto, a médio e longo prazo, a mentira começa a corroer a consciência e a mostrar seus efeitos colaterais. E saiba que os efeitos colaterais da mentira são os piores possíveis. A primeira é a própria doença - corrosão da alma - que persiste enquanto a mentira não for revelada.O segundo efeito colateral da mentira é o fardo pesado que o mentiroso carregará enquanto tiver que mantê-lo. Isso é chamado de registro de memória. A mentira é uma ficção criada na memória. A realidade era outra, mas ao inventar a mentira, a memória terá que guardar dois registros: a verdade - o que realmente aconteceu - e a ficção - o que foi criado. A consciência, ou fardo, existe em virtude de ter que sustentar essa mentira toda vez que ela vem à tona. O terceiro efeito é o pagamento da dívida contraída pelo mentiroso. Sempre haverá um tempo para pagar pelo pacto do mal feito. O pagamento é para que a mentira seja revelada e a pessoa assuma todas as consequências que a acompanham.

Diz-se que havia um jovem que estava acostumado a mentir desde criança. A mãe pediu alguma coisa, ele mentiu; o pai fez uma pergunta, ele caluniou; vocêsamigos queriam saber alguma coisa, ele sempre tinha uma mentira na ponta da língua. Ele era um viciado em mentiras. Mentir tornou-se parte de seu comportamento; era uma marca pessoal. Ele mentiu para todos e sobre tudo; ele mentiu por toda uma fase de sua vida. Um dia, porém, as mentiras vieram à tona e todos os seus amigos e parentes descobriram o grande mentiroso que ele era. Hoje, ele paga o pacto que fez por cada mentira que contou: não consegue trabalho, mora sozinho e não consegue ganhar a confiança e o respeito de ninguém. A maneira de mentir é mais confortável: é plana, suave, sem obstáculos, por isso os preguiçosos gostam de mentir. Caminham tranquilamente, sem nenhum esforço;

deslize suavemente e não encontre atrito. O caminho da verdade é mais difícil: o chão é íngreme, cheio de pedras e espinhos. Muitas pessoas não gostam da verdade porque ela traz sofrimento imediato. Mentir é possível adiar o sofrimento, mas um dia ele virá. A verdade pode causar dor, mas é apenas no momento da descoberta. A consciência não se corroerá no futuro e a paz de espírito perseverará.

Não existe mentira leve ou pesada, são todas mentiras. Também não existe meia verdade. Para que haja metade da verdade, a outra metade tem que ser uma mentira. Então, entre a mentira e a verdade, fique com a verdade. Mude. Abra o jogo com as pessoas, coloque as cartas na mesa. Assim será muito mais fácil socializar com quem faz parte do seu círculo social. Guarde em seu coração a valiosa mensagem que Jesus nos deixou: "Vocês conhecerão a verdade e ela os libertará" (João 8:32).

Organização, Coragem E Disciplina

Depois de construir relacionamentos saudáveis com amigos, familiares e funcionários no trabalho e entender a importância de policiar e escolher os pensamentos para aliviar a rotina, você notará uma expansão gradual do silêncio mental devido à ausência de preocupações e à capacidade de gerar resultados extraordinários. Quando a mente está silenciosa, quando você gerencia e seleciona os pensamentos que orbitam sua capacidade de processamento consciente e deixa de focar a atenção em coisas irrelevantes, discussões inúteis, discussões que não merecem tanta energia, você finalmente assume o controle e consegue direcionar o foco. para o que realmente lhe interessa. O benefício de manter sua mente no presente é ver o que ninguém mais viu — e isso inclui as grandes oportunidades que esperam por você.

Por exemplo, Arquimedes, um gênio matemático que viveu até 212 aC, enfrentou um grande desafio: calcular o volume de um objeto sólido de forma totalmente irregular, neste caso a coroa do rei Hieron de Siracusa. Arquimedes trabalhou por muitas semanas neste projeto, fez centenas de cálculos, testou várias teorias. Sua mente estava inundada de hipóteses, mas ele não conseguia encontrar a solução para o problema.Então um dia, para relaxar depois do trabalho, resolveu tomar banho. Ela encheu uma banheira até a borda, despiu-se e entrou nela lentamente. Naquele momento, sua mente estava completamente vazia de pensamentos, ele estava 100% focado no presente, e por causa disso, ele podia sentir a temperatura da água, a imersão lenta de seu corpo dentro da banheira e o gotejamento de água que transbordou e se espalhou pelo chão. Foi quando sua mente se iluminou. Arquimedes percebeu a sutileza que apenas pessoas focadas podem perceber. Para calcular o volume da coroa, bastaria mergulhá-la em um recipiente cheio de água e medir o volume que transbordou. Segundo relatos históricos, naquele momento ele correu nu pela rua gritando: "Eureka, Eureka!" Eu encontrei.

Acredite: todos os dias você tem a chance de dar seu grito de "eureka". Você tem uma chance real de encontrar soluções incríveis para os desafios que sua ambição imagina, porém, para isso, você precisa gerenciar seus pensamentos e direcionar seu foco.Arquimedes estava trabalhando neste projeto há semanas. Talvez sua mente já estivesse cansada. Talvez ele não estivesse dormindo bem nos últimos dias. Assim, ainda, talvez os pensamentos que povoaram sua mente e não lhe permitiram encontrar uma solução não estivessem diretamente ligados ao problema da coroa, mas fossem de natureza familiar, social, política ou financeira. Mas quando, por um momento, Arquimedes deixou tudo de lado e voltou sua atenção para o presente, a porta do pensamento imaginário começou a fluir e ele pôde ver a solução mais simples e inusitada que se poderia imaginar.

Outro exemplo da importância de pensar no presente é um famoso caso de marketing de uma indústria de creme dental. Ela precisava de uma maneira de fazer com que os clientes consumissem tubos de pasta de dente mais rapidamente, então os estrategistas da empresa se debruçaram por semanas para encontrar soluções.Um dia, a reunião foi convocada em uma sala onde um certo funcionário estava mantendo o piso.

Executivos debateram, apresentaram propostas, refutaram argumentos e não conseguiram encontrar uma solução. Ao ouvir toda a conversa, a certa altura o funcionário da manutenção pediu licença aos executivos e sugeriu: "É muito fácil fazer com que os clientes gastem mais pasta de dente. Você só precisa aumentar o tamanho do buraco." Eureca! Uma solução incrível, simples e incomum. Quem poderia imaginar isso melhor do que uma pessoa cuja atenção estava totalmente voltada para o presente? Agora, você também tem esse poder. O poder de silenciar a mente, fazer boas escolhas e deixar o pensamento imaginário fazer seu trabalho. Talvez você esteja pensando "Mas que técnica devo usar para silenciar a mente tagarela?". A resposta é muito simples: optar por mantê-lo em silêncio. Preparar!

Toda vez que minha mente apresenta um pensamento inútil ou tóxico, tento trazê-lo de volta ao presente. Eu simplesmente silencio e presto atenção ao agora. Lembre-se: você é o comandante. É você quem dá as ordens lá dentro. Sua mente é sua serva, não o contrário. Se você pedir para ela calar a boca, ela deve calar a boca. Que simples!Não devemos buscar soluções complexas para problemas complexos. Devemos buscar soluções simples para problemas, por mais complexos que sejam. Quem cuida desse departamento é o pensamento imaginário, o padrão de pensamento totalmente livre de filtros e resistências culturais. E só flui quando você silencia a voz incessante que só mostra as dificuldades em alcançar seus objetivos. MQue tal ordenar à mente agora mesmo que fique em silêncio? Diga mentalmente com energia: "Quero você no presente". "Quero silêncio mental." Quando você mantém sua mente silenciosa, você aumenta significativamente o poder de seus sentidos.

Agora faça outro exercício: faça algumas respirações lentas e profundas enquanto sente sua mente ficar em silêncio. Feche os olhos e tente prestar atenção apenas à sua respiração. Escolha um dos seus sentidos, por exemplo, a audição. Enquanto mantém a mente silenciosa, transfira a atenção que estava na respiração para a audição. Agora, tente prestar atenção em quantos sons você consegue ouvir. Se possível, observe que você pode estar ouvindo sons que não havia percebido até aquele momento. Pare de ler, faça este exercício agora mesmo.

Experimente o exercício também com os outros sentidos: com a visão, escaneie cada canto do lugar onde você está; com o olfato, tente descobrir novos odores; com o toque, sinta a textura da roupa que está vestindo, e com o paladar perceba a sutileza do sabor de um alimento.A vantagem de ter uma mente silenciosa é poder aplicar energia de alta qualidade nas tarefas cotidianas, seja participando atentamente de uma reunião, lendo um texto ou realizando uma tarefa complexa como verificar um relatório ou dirigir um carro. . Outro benefício de uma mente concentrada é ser capaz de fazer uma tarefa de cada vez, até o fim e rapidamente.

Estudos mostrou que o ser humano capaz de realizar uma tarefa de cada vez até o fim é mais eficiente, rápido e assertivo do que aquele que se perde ao tentar realizar várias ao mesmo tempo.Portanto, toda a discussão deste livro leva você a entender que a concentração é, antes de tudo, um exercício de exclusão. Quando você elimina relacionamentos tóxicos e escolhe os pensamentos que vão orbitar sua cabeça, você fica focado no que é importante em sua vida e apaga os problemas do roteiro. Você cria um quadro branco para reescrever sua história de sucesso.

O Que Resta Para Você Realizar Seus Sonhos?

O que exatamente você precisa para realizar seu sonho? Você não está apenas pedindo o que você já tem?Talvez a resposta a essa pergunta dependa de descobrir exatamente qual é o tamanho e o objetivo final do seu sonho. Sonhos grandes e complexos, muito trabalho; simples, pequenos sonhos, pouco trabalho. Porém, não importa o tamanho, afinal, sonho é sonho, e cada um tem o seu, não é mesmo? Agora, qual é o objetivo final do seu sonho? Minha proposta é te ajudar a entender que não importa qual seja o seu sonho, sempre há um jeito de torná-lo realidade. E deixe-me insistir na tese de que você pode realizar qualquer coisa, porque essa é uma linha de pensamento útil que mantém seu coração jovem e seu nível de energia sempre alto. Afinal, quando duvidamos da amplitude de nossa ambição, podemos produzir, como vimos neste livro, estados mentais limitantes, como ansiedade e frustração.

É importante dar asas à imaginação, mas manter-se extremamente analítico para descobrir qual objetivo final deve ser atendido pelo sonho. Por exemplo, imagine que seu sonho é passar em um concurso público e você acaba de receber a notícia de que foi aprovado. Como se sente? Feliz, não é?Muitas vezes, o desejo de comprar um carro novo, mudar de emprego, aproximar-se de uma pessoa só serve de alimento para satisfazer um desejo interno ainda maior. E se há uma energia transformadora no autocontrole, é a do metapensamento, pois nos permite autoavaliar e investigar a verdadeira intenção oculta por trás de um suposto desejo. Por exemplo, você pode ter ouvido as pessoas dizerem: "Quando eu conseguir um emprego melhor, me sentirei mais seguro"; "Quando tiver mais tempo, vou me dedicar mais aos meus filhos"; "Quando eu ganhar na loteria, ficarei muito feliz." Segurança, atenção aos outros e felicidade são estados mentais livres. Você não precisa de moeda para acessá-los.

No entanto, quando uma pessoa as associa a uma condição específica, por exemplo, "não serei feliz até ganhar na loteria", então ela está fadada a viver uma vida de frustração. Você não pode condicionar o estado de felicidade à realização de algo. Isso é ser injusto consigo mesmo, porque a felicidade é um estado de espírito livre, deve ser livre. Você não precisa conquistar nada para ser feliz, apenas sinta-se feliz. Preparar. Que simples!Certa vez conheci um empresário que reclamou da crise econômica e ficou triste porque no final do mês não tinha muito dinheiro sobrando. Uma tristeza que o consumia há muitas semanas. Então, depois de conversar um pouco mais, descobri que, sim, ele realmente não tinha dinheiro, pois usava toda a renda da empresa para pagar as contas. No entanto, o que ele esqueceu de considerar é que, por outro lado, também não tinha um centavo em dívida. Ele pagou todas as despesas em dinheiro. Ele não devia absolutamente nada a ninguém. A capacidade de pagar suas dívidas em dinheiro deve ser motivo de comemoração, de felicidade, não de tristeza. Na verdade, poderia até transformar a felicidade em maior energia de recursos, como a criatividade para descobrir novas fontes de renda.

Investigue seus sonhos hoje, descubra se algum deles éassociados a estados emocionais que você poderia simplesmente experimentar agora, aqui no presente. Se a razão de realizar um sonho é se sentir feliz, então sinta-se feliz agora. Se você gostaria de ter mais tempo para se dedicar aos seus filhos, então pare de ler este livro e faça isso agora mesmo. Não tenha dúvidas de que, sentindo-se feliz agora, você renovará seu estoque de energia para realizar tudo o que imagina. A capacidade de escolher como você se sente é a chave para o seu sucesso. Você sempre esteve a um passo de transformar sonhos em realidade, mas para isso precisa fazer as escolhas certas e dar passos concretos para que as melhores coisas comecem a acontecer. Por exemplo, um cidadão de classe média diz que seu grande sonho é comprar um barco de luxo para sair com a família nos finais de semana. Como ele se sentiria se o sonho fosse realizado agora? Eufórico talvez? Sentir-se eufórico com a perspectiva de realizar seu sonho tornará a jornada de planejar e estruturar pequenas metas um processo muito mais divertido. Por que você não pega uma folha agora e desenha seu mapa do tesouro? Lembre-se: você está no controle. Faça um exercício de reflexão e complete as frases:

Meu sonho é ser

Meu sonho é ter

Meu sonho é ir

Você sabe que só quem faz a coisa certa torna os sonhos realidade. Então, o que você precisa para realizar seus desejos?No exemplo do barco, talvez o primeiro passo seja ir a uma agência bancária e abrir uma conta poupança. Então organize suas finanças para ver se consegue fazer uma reserva mensal. Terceiro, escolha uma data de depósito mensal... E assim siga as pequenas tarefas para a realização do grande objetivo. A autorrealização é alcançada quando estamos conscientes das escolhas, do caminho que devemos seguir e do tempo que levará para atingir nossos objetivos. Isso tira as aflições e nos mantém sempre motivados. O universo só permite que quem toma a atitude certa realize sonhos, sem prejudicar os outros ou a natureza. Todas as nossas ações afetam de alguma forma a vida das pessoas com quem trabalhamos, com quem nos relacionamos ou a natureza. Assim, as decisões devem ser pesadas com a força da ética e da moral, pois, para você dormir em paz,

Organização: Seu Novo Valor Moral

Todo ano era a mesma coisa — pelo menos comigo, com muitas pessoas com quem conversei, e talvez até com você. Foi um problema de saúde que me incomodou muito, roubou a tranquilidade das minhas noites de sono e só ocorreu entre os meses de julho e agosto. Como vocês sabem, nesta época do ano é inverno no Brasil e o clima é muito seco no Sudeste, região onde moro com minha família. Durante a noite, enquanto eu dormia, meu sistema respiratório secou, queimou muito e me fez acordar várias vezes, prejudicando a tão esperada noite de sono. De manhã, meu nariz estava seco, dolorido e, devido à noite mal dormida, meu humor estava ruim.Mas por que estou lhe contando esse fato em particular? É porque todos os anos era a mesma coisa, a mesma dificuldade de respirar, o mesmo sofrimento, até que aprendi a importância da organização e da prevenção.

Tendo sofrido tanto com esse problema, aprendi a prevenir e, com isso, minimizar e às vezes até neutralizar completamente os efeitos das mudanças climáticas. Tem sido assim nos últimos dez anos. No início do inverno, reforço meu estoque de soro fisiológico para hidratação do nariz e tiro o aparelho vaporizador do armário, que garante a umidade do ar. Ser mais organizado me ajudou a ter ótimas noites de sono, manhãs mais brilhantes e um ótimo humor. Preparar. Um problema a menos!

Meu problema respiratório é, confesso, um exemplo muito simples, e é exatamente por isso que pretendia citar você. Quantos problemas pequenos e simples nos atormentam todos os anos e contribuem para nossa perda de foco? Uma formiga sozinha não muda uma paisagem, mas um formigueiro unido pode fazer uma floresta desaparecer. Digo isso porque a maioria das pessoas pensa nos problemas não quando batem na porta, mas quando já se instalaram e começaram a produzir outros.Pense no número de pequenos eventos de saúde como o meu que chegam até nós todos os anos e como eles tiram nossa produtividade e alteram nosso humor. Em contraste, uma vida organizada se traduz em uma mente mais serena e focada. A organização é irmã gêmea da prevenção. Quando você se organiza, você necessariamente evita uma série de pequenos – e talvez até grandes – problemas. É como fazer as malas para uma viagem. Você tenta imaginar todas as situações possíveis que podem lhe ocorrer e pensa nas roupas mais adequadas para enfrentá-las. A organização deve ser seu novo e mais importante valor moral. E o que significa ter a organização como valor moral? Significa que para ser organizado é preciso, antes de tudo, valorizar esse hábito.

Entenda: existem bons livros que ensinam desde como organizar uma mala, uma gaveta simples, uma geladeira, uma casa ou até mesmo um departamento complexo de uma empresa, mas de nada vale um sistema eficaz para gerenciar tudo na sua vida se você não valoriza a organização.Conheço empresas que vivem o caos todos os dias com funcionários estressados que gastam tempo e energia resolvendo novos problemas que surgem. Instalam-se a todo momento, simplesmente porque a gestão da empresa não a valoriza, ou seja, não dá a devida importância à organização. A organização é um valor moral, e para isso você deve valorizá-la. Pessoas organizadas raramente esquecem algo, raramente perdem tempo com tarefas inúteis e dificilmente vivem sob pressão porque a organização permite que antecipem problemas. Ser organizado é seu novo valor moral e a melhor maneira de estabelecer disciplina e ganhar paz de espírito. Você tem muita informação nos dias de hoje. Então não deve ser pego de surpresa, concorda? Tudo o que acontece no mundo diariamente é um pouco previsível. Veja as notícias, será fácil ver isso. Por exemplo, se você tabular a cobertura jornalística dos 365 dias do ano, verá que são sempre as mesmas notícias.

A mídia começa o ano relatando os feriados, férias e impostos que você terá que pagar. Em seguida, trata do período de matrícula das crianças nas escolas e do preço do material escolar. Logo depois, vem a cobertura do Carnaval e, antes que acabe, aparecem os primeiros ovos de Páscoa.Depois tem o movimento do Dia das Mães, Dia dos Pais, Dia das Crianças e, entre eles, as novidades variam entre economia, esporte, clima e saúde.

De qualquer forma, isolando um ou outro evento natural apocalíptico, como terremotos, meteoros e furacões, os demais eventos são bastante previsíveis. Mesmo o comportamento humano é, em algumas circunstâncias, previsível. Por exemplo, muitas pessoas começam o ano acima do peso, endividadas, fazendo mil promessas, ansiosas, cheias de dúvidas sobre o futuro, não é mesmo? No entanto, pergunto: todo ano tem que começar assim? Obviamente não! Você pode se organizar, combinar com seus familiares para criar um sistema de previsão que lhes permita começar o ano com uma dose extra de tranquilidade, foco e mente aberta para trabalhar em novos projetos.

Conheço uma família de classe média especializada em começar o ano em clima de felicidade e boas perspectivas. Todos os anos, quando recebem as primeiras contribuições financeiras, a esposa tem como meta destinar uma parte do dinheiro para pagar as contas que vencerão no início do ano.em seguida, como IPTu, IPvA, matrícula e material escolar para as duas filhas e todos os demais compromissos assumidos. Assim, todo início de ano, enquanto a maioria das famílias luta para equilibrar suas dívidas, elas saem de férias com a tranquilidade de que todas as contas estão em dia e que dinheiro para passeios não vai faltar, pois já estava sendo economizado. desde o início do ano anterior. É um exemplo de organização familiar que lhes permite não sofrer desajustes emocionais decorrentes da desorganização financeira. Vivemos em um mundo onde todo o conhecimento produzido pela humanidade está ao seu alcance. Um mundo onde as pessoas façam bom uso dessas informações, fiquem mais organizadas, prevenidas e dificilmente sejam pegas de surpresa. Quando você consegue planejar bem e antecipar problemas que causariam atrasos e aborrecimentos,

Ser organizado é diferente de ser metódico, crítico ou sistemático. Não estou dizendo que para ser organizado você precisa necessariamente ser estético. A organização tem a ver com a estética na medida em que, se houver organização, tudo fica necessariamente mais bonito. É como inserir dados em uma planilha. Se você deixar todos os dados bem organizados, com o mesmo tamanho e tipo de fonte, alinhados do mesmo lado, seguindo o mesmo grupo de cores, perceberá que, embora a organização fosse o objetivo inicial, a planilha ficou esteticamente mais interessante .A organização a que me refiro aqui tem a ver com eficiência. Ser organizado evita problemas e gera eficiência em suas tarefas, permitindo que você alcance rapidamente seus resultados. Tenho certeza que você sabe do que estou falando. Enquanto a pessoa organizada coloca todas as canetas no mesmo lugar, a metódica é aquela que as coloca uma ao lado da outra, com as tampas voltadas para o mesmo lado e o alinhamento mais preciso possível. Organizado é mais prático e metódico é mais detalhado. E ambos são profissionais valorizados em muitas atividades.

Você tem muitos planos, metas, objetivos e precisa seguir em frente com foco para alcançar esses sonhos. Ter a organização como valor moral será um dosmelhores decisões de sua vida. Talvez você esteja se perguntando: "Como faço para agregar valor à organização?". A resposta é simples: mostre a si mesmo os benefícios de manter esse hábito. Olhe para o seu trabalho com a visão da organização, com os olhos da estética, com senso crítico, buscando sempre a perfeição. Ser organizado certamente o ajudará a encontrar o caminho para a realização de seus projetos e, mais do que isso, o colocará no caminho que atende a dois outros aspectos fundamentais para aumentar seu poder de realização: coragem e disciplina.

Coragem E Disciplina

Henry Ford foi o homem que inovou e revolucionou a indústria automobilística mundial no final do século XIX. Antes dele, os veículos eram produtos acessíveis apenas a pessoas de alto poder aquisitivo, pois os custos e a mão de obra envolvidos na produção artesanal eram muito altos e impossibilitavam a popularização do produto.Assim, a Ford mostrou ao mundo que com um pouco de organização, planejamento e uma boa dose de coragem e disciplina, era possível transformar radicalmente todo um segmento industrial e, com isso, revolucionar a forma como as pessoas se movimentavam pelo mundo. Criou e implantou o conceito industrial de linha de montagem, que reduziu o tempo de produção e baixou os custos finais dos veículos, permitindo sua popularização. Organização, coragem e disciplina eram o seu lema.

Como vimos na organização, a disciplina também é um valor moral. Se você quer ser organizado, comece valorizando a organização. Se você quer ser disciplinado, então não procure um curso, aprenda primeiro a valorizar a disciplina. Ford disse que "há mais pessoas que desistem do que pessoas que falham". E se você analisar essa frase em profundidade, e eu sinceramente gostaria que você o fizesse, você verá que ela está carregada de significado e verdade.

Muitas pessoas sonham, sonham, sonham, mas não vão além deste universo. Como diz a famosa canção do poeta Paulinho Mocidade, "sonhar não custanada", mas realizar sonhos tem um preço que só pessoas disciplinadas estão dispostas a pagar. Organização e coragem são atributos essenciais para quem persegue seus sonhos, mas nada disso funciona se você não tiver uma boa dose de disciplina para embasar uma decisão tomada. Ser disciplinado é saber o que precisa ser feito e seguir em frente, sem se deixar desanimar ou deixar que as tentações o desviem.

Disciplina é a capacidade de identificar as etapas necessárias para realizar um projeto e segui-las rigorosamente até que o objetivo seja alcançado. A disciplina, em outras palavras, é como um mapa que nos mostra passo a passo e nos diz exatamente o que devemos fazer para encontrar o tesouro. Ser disciplinado é simplesmente fazer o que é certo, fazer o que está escrito no mapa. A Ford foi extremamente eficaz nesse sentido. Ele reuniu todas as informações sobre o processo de montagem de veículos que existiam até aquele momento e organizou as informações criando um método de linha de montagem. Então ele teve a coragem de implementar a novidade, rompendo com todos os padrões da época. E, finalmente, ele teve a disciplina para seguir rigorosamente seu novo sistema, ajustando conforme necessário até que pudesse provar que era realmente o mais eficiente.Se você tem uma boa ideia e provou para si mesmo que todas as informações conspiram para fazê-la funcionar, organize-se e foque para torná-la realidade. Se você tiver iniciativa e coragem para colocar tudo em prática, se tiver disciplina suficiente para não se deixar contaminar e se desviar com futilidades e escolhas erradas, então tudo indica que você terá sucesso em sua empreitada. Lembre-se: "Há mais pessoas que desistem do que pessoas que fracassam".

Os fracos não podem seguir em frente, eles se desviam pelo caminho. Eles são fracos em disciplina e, portanto, abandonam rapidamente seus sonhos, mesmo antes de mostrarem os primeiros sinais de progresso. Esses indivíduos culpam o governo, a crise, as pessoas, tudo e todos, menos eles mesmos. Eles não são capazes de ver que são seus víciosprogramas de televisão, nas redes sociais, amizades tóxicas e muitas outras escolhas erradas que os impedem de seguir em frente. A força para resistir à tentação e seguir em frente na busca dos sonhos está na disciplina. Os fortes, ou seja, aqueles que "fracassam pouco", que seguem o pensamento de Ford, colherão os frutos da disciplina, perseverança e paciência. Quem não desiste vai mais longe e conquista seus objetivos. É como um vestibular ou uma competição. Nessas modalidades, o único caminho possível, caso não haja desistência, é a aprovação. O aluno estuda, faz a prova e é reprovado. Ele volta a revisar tudo que estudou e estuda mais um pouco, faz a prova e reprova novamente. Ele volta a revisar e estudar todo o conteúdo como nunca antes, mas desta vez por pouco não falha. Ele revisa todos os assuntos mais uma vez,

Entenda: cada vez que o aluno fazia a prova e reprovava, ele se fortalecia, aprimorava seus métodos e tentava novamente. No entanto, cada vez que tentava, aumentava suas chances de aprovação. Ele tinha o mapa de disciplina, reconhecia suas fraquezas, sabia o que tinha que ser feito. A disciplina é e será o seu grande diferencial. Veja o exemplo de pessoas que lutam com a balança e vivem de dietas.Existem centenas de livros no mercado com as mais diversas receitas e programas inusitados para as pessoas perderem peso. Tenho certeza que a maioria deles realmente funciona ou pelo menos tem algum benefício. O que falta a muitas pessoas é força moral suficiente para seguir as orientações até o fim. Os verdadeiramente disciplinados, aqueles que seguem o mapa até encontrar o tesouro, não só executam todo o programa, como colhem todos os benefícios prometidos pelo método. E esse poder está ao seu alcance.

Conheci um empresário que decidiu seguir um processo que envolvia quarenta minutos por dia em uma esteira elétrica em alta velocidade e controle rigoroso dos alimentos, escolhendo os produtos mais saudáveis possíveis. Ele me contou que seguiu rigorosamente o método que lhe foi ensinado e, em menos de sessenta dias, já havia perdido cerca de 40 quilos.Outro empresário também seguiu um sistema disciplinado, o mapa de um programa de perda de peso que envolvia controlar a alimentação, cortar o refrigerante – que ele adorava – e correr 10 quilômetros todos os dias. Claro que no início do processo ele mal conseguia fazer uma boa caminhada, mas sabia que tinha que seguir o que estava escrito no mapa. Enfrentou as dificuldades do início, resistiu às tentações e seguiu firme, com coragem e disciplina. Resultado: após setenta dias, ele conseguiu correr os cerca de 10 quilômetros sozinho e já havia perdido, nesse período, cerca de 30 quilos de gordura. A disciplina é o maior presente da humanidade. Saber exatamente o que você quer, conhecer todas as etapas necessárias para realizar esse desejo e seguir rigorosamente o mapa da mina é a chave para o sucesso.

O primeiro passo na sua transformação é saber exatamente o que você quer e o que precisa fazer para escrever uma história de sucesso. O roteiro é o seu roteiro para manter o foco e a disciplina, então responda novamente:Onde exatamente você quer ir? O que você precisa fazer para atingir esse objetivo? Você já reparou que sempre expressamos nossos sonhos usando verbos? Expressar nossos desejos com verbos nos diz muito. Além de expressar desejos e verdadeiras intenções, os verbos mostram o quanto é essencial ter disciplina e força para agir, pois todo verbo nos convida à ação. Veja alguns exemplos:

Eu quero ser o donomeu próprio negócio.

Eu quero ter mais dinheiro.

Eu quero ir para a Europa.

Eu quero comprar uma casa.

Eu quero CONQUISTAR o troféu de campeão.

Eu quero passar no vestibular.

Eu quero fazer regime.

Se há uma vantagem em escrever o mapa com o roteiro que o levará à realização dos seus sonhos, é: tê-lo em mãos facilita o foco. E o foco, como você sabe, é uma consequência natural da disciplina.Saber exatamente para onde você quer ir ajuda a afastar os fantasmas da ansiedade, insegurança, preguiça e tédio. Isso te fortalece interiormente. Então, o que realmente deve ser escrito no mapa do tesouro dos seus sonhos? Talvez você seja a melhor pessoa para responder a essa pergunta, porque só você sabe o que é preciso para chegar lá. Ou talvez você também não saiba e isso é perfeitamente compreensível. Muitas pessoas angustiadas sabem exatamente o que precisam mudar, mas não sabem como fazê-lo. Muitas vezes a pessoa tem uma boa ideia para começar um negócio, mas não tem dinheiro. Às vezes você tem dinheiro, mas não tem coragem. E outras vezes, você tem dinheiro e coragem, mas não tem disciplina.

Portanto, seu mapa deve dizer exatamente para onde ir. E se você delineou todas as estratégias, testou todas as hipóteses, refutou todas as objeções e ainda não sabe como proceder, ou não sabe exatamente por onde começar, não hesite em procurar ajuda.Siga as metas do Capítulo 7 que lhe ensinaram como construir relacionamentos equilibrados. Aprenda a ouvir seus mentores com atenção, aceite críticas com humildade, peça conselhos às pessoas certas que realmente têm autoridade para ajudá-lo a escrever seu mapa do tesouro — o guia que lhe permitirá manter o foco e a disciplina na busca de seus sonhos .

Definitivamente Assuma O Controle

A memória humana é um poderoso mecanismo de defesa e oportunidade. Lembra-nos experiências agradáveis, para que possamos repeti-las, e experiências ruins, para evitá-las.Para isso, nossa memória muitas vezes recorre a associações muito engraçadas. Por exemplo, hoje em dia, toda vez que ando de carro, tento respeitar os limites de velocidade e as faixas de ultrapassagem, mas antes não era assim. Como a maioria dos jovens do meu tempo, eu gostava de pisar um pouco mais no acelerador e fazer passes perigosos para chegar alguns minutos mais cedo ao meu destino. Um amigo que viajava comigo para o trabalho, ao ver que eu estava com pressa, cantava a conhecida "Estrada da vida" da dupla sertaneja Milionário e José Rico. Ele cantou enquanto fazia algumas mímicas engraçadas.

Então, me toquei, tirei o pé do acelerador e respeitei os limites. Um dos objetivos deste livro é ajudá-lo a manter sua mente no presente e contemplar mais a vida. Isso é o que eu faço hoje quando pego a estrada. Não sou mais aquele motorista que faz loucuras para chegar ao destino. Procuro aproveitar a viagem, admirar a paisagem, ouvir a música que gosto... Nesses grandes lapsos do presente, vejo como as pessoas ainda fazem loucuras ao volante. Atos de loucura que eu mesmo fiz, mas que, depois de mudar meu próprio estado de consciência, aprendi a deixar ir.

Certa vez, eu estava dirigindo meu carro por uma estrada de pista única muito movimentada e, portanto, muito perigosa. Eu estava voltando para casa depois de uma semana de trabalho e queria muito ver minha esposa e meu filho. Queria chegar logo em casa, mas por causa do perigo que a estrada apresentava, o autocontrole falou mais alto e me fez seguir com disciplina todas as indicações das placas da rodovia.A certa altura, um carro esportivo amarelo parou atrás de mim. Ela estava praticamente colada na traseira do meu veículo e pude ver pelo retrovisor que o motorista era um jovem, com expressão irritada e com muita pressa, pois o farol esquerdo de seu carro aparecia o tempo todo no retrovisor esquerdo do meu carro. Ele estava empurrando para passar, mas estava tendo dificuldades por causa do caminhão lento à nossa frente e do tráfego pesado de veículos na pista oposta da estrada.

Depois de tanto insistir, conseguiu ultrapassar em local proibido. Continuei minha jornada atrás do caminhão. Quando, quilômetros à frente, qual foi minha surpresa? Encontrei o mesmo veículo vermelho agora colado na traseira de outro caminhão que se movia lentamente. Na primeira oportunidade, reduziu, acelerou, ultrapassou e disparou à frente até desaparecer de volta à pista. Mais tarde eu o encontrei colado na traseira de outro caminhão, e isso aconteceu mais duas vezes.

Qual é o nosso destino final nesta vida? Tenho certeza de que você não tem dúvidas sobre onde todos os seres vivos vão acabar um dia. Então, por que se apressar, certo? Às vezes, o preço que pagamos por ganhar alguns minutos extras encurta nossas vidas. Aceitamos pagar valores altíssimos por tais atitudes - e posso garantir que não vale a pena correr tantos riscos. Você não deve conduzir a vida como um veículo em alta velocidade. Você deve ser prudente e respeitar seus limites físicos e emocionais. Não deve correr rápido, atropelando tudo e todos. Preste atenção aos sinais de alerta do bom senso. O autocontrole nos ensina que não precisamos ter tanta pressa. Você é quem direciona sua vida fazendo as melhores escolhas para cada tipo de evento que participa.

Mais do que isso, o autocontrole permite que você faça

tudo isso em paz. E quando a estrada da vida estiver chegando ao fim, você só terá boas lembranças em sua memória. Lembranças dos dias em que largava tudo para brincar com o filho. Do longo abraço que ela deu a sua amada. Dos momentos de alegria e diversão vividos quando se sentava com a família para planejar a compra da casa nova, a viagem ao exterior. Das conversas instrutivas ela definitivamente assume o controle. Livre-se da vaidade, do acúmulo, do apego material. Quando você tem uma opção, e apenas uma, você acaba com seus problemas. Portanto, escolha e mantenha uma única opção, e que seja sempre a melhor.

Agora Você Tem O Poder

E por muito tempo você se sentiu como o espectador descontrolado de sua mente, saiba que esse quadro está prestes a mudar. Agora você sabe que com muito policiamento, conhecimento e técnicas você poderá se libertar das aventuras e surpresas dos pensamentos edificantes, sim, mas na maior parte do tempo inútil e desconectado, que só servem para te distrair do foco. Com disciplina e autocontrole, você é capaz de perscrutar, conhecer e interagir com sua mente. Da mesma forma que a mente, para muitas pessoas, pode ser um fardo, se compreendida pode ser sua melhor fonte de inspiração, o ambiente de legítima paz de espírito.

Talvez você não tenha percebido que, com o autocontrole estabelecido, a batalha invisível que travamos diariamente na tentativa de trazer a mente para o nosso lado será cada vez menor e, com certeza, você poderá, em pouco tempo, enxergar o tempo passa. em câmera lenta - e essa é uma sensação maravilhosa! Com a mente a seu favor e o foco como estado mental predominante, você sempre terá a certeza de que fez o melhor na execução desse trabalho, que se dedicou mais aos seus semelhantes e que fez o melhor coisa certa, conquistando a nova oportunidade.

Se a mente é um anel, então chegou a hora de sair da platéia e comandar o show. Agora você conhece bem o ambiente e sabe como preparar o espetáculo. Agora é você quem escreve o roteiro, o mapa do tesouro e mostra o caminho para atuar com excelência.Ao longo do livro, apresentei dicas de como conquistar o que vivencio todos os dias e que tem sido cada vez mais "objetos de desejo" das pessoas: autocontrole e paz de espírito. Se muitas vezes você se sentiu um escravo da mente, hoje você tem o direito de dar as ordens, pois aprendeu a não reprimir, esconder, neutralizar ou lutar com pensamentos negativos, fracos ou inadequados. Usando essa nova abordagem, respeitando sua natureza, descobrindo a fonte de seus pensamentos e abraçando-os, você neutraliza suas influências negativas que, se não contidas no tempo, podem determinar desfavoravelmente seu destino.

Ao fazer este exercício com disciplina, você poderá dizer que vive em paz com sua mente e seus pensamentos. Como maestro, você conduzirá com excelência esses anjos e feras que se apresentam na mesma arena. O que os mais próximos de você chamarão de paciência e calma, você orgulhosamente chamará de autocontrole, equilíbrio, paz de espírito e liberdade.Usando as habilidades da mente a seu favor, você poderá conquistar tudo o que lhe falta para se sentir mais completo e satisfeito com a vida. Ser capaz de aproveitar o presente e libertar-se das ansiedades limitantes de arrependimentos passados ou medos do futuro é libertador. Ver além das dificuldades e encontrar soluções para seus problemas, planos e sonhos são os trunfos do foco e da disciplina. Ao administrar as distrações, direcionar o show de mente e canalizar suas energias para fazer as escolhas certas, você experimentará um estado de bem-aventurança que talvez não tenha experimentado há muito tempo.

Para ter consciência de estar no presente e viver

momentos de paz, não precisa viajar ou mudar externamente, mas pode continuar morando em um grande centro urbano, com uma vida frenética. Você pode ficar conectado com seus dispositivos eletrônicos, continuar recebendo textos, e-mails e telefonemas. Você só precisa descobrir e entender que, mesmo em meio ao caos da informação, é possível fechar os olhos, respirar fundo, relaxar o corpo e acalmar o id para aumentar a influência do Self em sua vida - mesmo que seja apenas de vez em quando.

O Self é o caminho da esperança, é a sua mente orientadora e consciente que produz momentos de paz de espírito, um estado totalmente acessível. Foi isso que você aprendeu neste livro. Agora é a hora de vivenciá-lo, de colocar em prática todas as atitudes, todos os caminhos que se mostraram importantes paraconquiste seus sonhos. Assim como o que importa para uma criança é o presente, será exatamente no presente que você passará a maior parte do seu tempo. Você é capaz de ampliar seu poder de foco para ver detalhes que foram negligenciados por tantos observadores. É mais do que essencial resgatar a alegria da infância e, neste livro, você descobriu algumas maneiras de fazê-lo. Você está qualificado para desenvolver foco, autocontrole e concentração. Você nasceu para experimentar a felicidade plena e seu "software de felicidade" agora está configurado corretamente. Seus aplicativos mentais agora podem acessar a felicidade e a alegria que talvez estivessem adormecidas dentro de você. Nunca se esqueça: é você quem controla sua mente e não o contrário. Observe, conheça e domine seus pensamentos, faça deles uma fonte inesgotável de energia e entusiasmo.

Assuma o controle de sua própria existência. Acorde um pouco mais cedo, aprecie a suavidade da luz da manhã, preste atenção no canto dos pássaros e nos diferentes sons da natureza. Tire alguns minutos para se alongar, respire fundo, olhe pela janela e agradeça ao universo por acordar para mais um dia.Fique com seus filhos e ensine-lhes com paciência e amor tarefas simples: escovar os dentes, vestir a roupa, amarrar os cadarços. Acredite: eles ficarão felizes em receber sua atenção e dedicação para mostrar a eles essas atividades, que, para eles, são grandes responsabilidades. O autocontrole é a chave para o seu fantástico novo mundo mental, onde você se tornará uma pessoa mais calma, disciplinada, capaz de gerenciar emoções e pensamentos, alguém que pode resistir facilmente às tentações e vícios.

Talvez você tenha o desejo de fazer dieta, parar de beber ou parar de fumar. Talvez seu objetivo seja estudar para uma competição ou se dedicar mais ao aprendizado de um novo idioma. É com disciplina e dedicação que bons projetos decolam. Sua mente não pode mais ser uma fonte de problemas. A partir de agora, sua mente será uma potência à sua disposição. Por esse motivo, exercitar o autocontrole é essencial.Às vezes é mais fácil ter força moral para enfrentar o problema e acabar com o sofrimento de uma vez por todas antes de vê-lo se transformar em algo maior. Muitas crises podem ser resolvidas com um pedido de desculpas, com um pouco de diálogo ou uma postura de humildade. O autocontrole facilita o exercício da empatia, o que nos permite tomar decisões mais lúcidas e corretas. Quando você corta o mal pela raiz, automaticamente evita que o sofrimento se espalhe. Sem sofrimento, você pode manter o foco no que realmente importa e ganhar mais poder de realização e clareza para analisar e fazer as melhores escolhas.

Escolha ser mais desapegado. Invista menos em TER e amplie o espaço de SER. Por que tantas roupas, sapatos, acessórios, carros, imóveis? Jesus Cristo é o nome mais lembrado do mundo, foi o maior ser que já andou na terra e nunca precisou de mais do que algumas roupas, um cajado e um par de chinelos para espalhar suas lições de amor por todo o mundo. Quanto mais você investir no SER, no autoconhecimento, no aprendizado constante, mais você descobrirá que uma pessoa feliz, feliz de verdade, não precisa de tanto para viver. E você estará livre das prisões mentais, dos vícios e terá uma vida plena e satisfatória.

Os estados mentais das pessoas refletem exatamente em seu estilo de vida e nas escolhas que fazem para suas próprias vidas. Os estados mentais, você deve se lembrar, são como os ícones de aplicativos dispostos na tela do seu smartphone. Alguns você usa mais, outros menos, outros ainda você nunca acessa. Assim como você aprendeu a limpar estados mentais negativos, escolhendo bem seus pensamentos, agora também limpe sua mídia eletrônica. Remova tudo o que é viciante e desperdiça seu tempo. Guarde apenas os positivos, aqueles que te movem para frente, supera desafios, pensa, encontra soluções para problemas e persegue seus sonhos.A humanidade clama por novos e bons exemplos de liderança, a natureza clama por pessoas capazes de produzir sem destruir, o universo clama por pessoas boas, que prestem mais atenção e tenham mais amor ao próximo. Você é a pessoa escolhida e, para assumir esse papel, precisará eliminar tudo, menos tudo o que atrapalhar. Exercite essa força moral agora mesmo.

Ter autocontrole é ter a capacidade de escolher um estado de espírito que o mantenha em estado de bem-aventurança. Uma pessoa feliz é um ser humano com muitomais recursos, que mantêm o cérebro sempre jovem e com energia suficiente para se destacar constantemente. A mente humana carece de momentos de paz para poder expressar seu potencial criativo, inovar e produzir tudo o que for necessário para materializar o que projetamos para nossa vida. Não se pode aceitar uma condição imposta pela sociedade atual que gira em torno de um perigoso círculo vicioso: acordar, trabalhar, dormir. Viver é muito mais do que isso.

Portanto, você tem o poder de controlar sua vida, de gerenciar suas próprias escolhas, seus próprios pensamentos. Você deve colocar sua mente a favor de sua saúde, seu equilíbrio e seus sonhos.Nas situações mais difíceis que enfrentei, o conselho que os especialistas me deram foi gritar, xingar, brigar, brigar, atacar, chorar como forma de desabafar emoções nocivas. Hoje, aprendi a respeitar minha natureza, percebi que aqueles conselhos só aumentavam a dívida com minha consciência, saúde, enfim, comigo mesma.

Se eu realmente quisesse preservar minha saúde, manter meu equilíbrio e algum grau de autocontrole, teria que fazer isso sozinho. Em nome de sua integridade física e mental, em nome de sua qualidade de vida, em nome dos relacionamentos que conquistou, você deve continuar respeitando sua natureza.Você pode até cancelar as descargas emocionais dentro de você, porém, fará isso com um olhar de benevolência, com lucidez e maturidade que só quem trabalha com metapensamento tem. Ele neutralizará quaisquer efeitos nocivos que essas descargas possam ter. O autocontrole sempre será um bom movimento. É a forte resposta do anjo contra o conselho do diabo. É sua nova maneira de mostrar às pessoas impacientes, vingativas e rancorosas que às vezes é mais inteligente não reagir.

É melhor deixar a vida mais leve evitando mais crises, conflitos. Você não precisa e não quer mais isso, não é?A transformação da emoção negativa em emoção neutra ou emoção positiva só é possível quando olhamos para dentro e investigamos a origem de nossas reações emocionais e pensamentos. Se a mente humana é um anel, você é o diretor do espetáculo. E o metapensamento, esse lapso de consciência que nos afeta, será, como disse, a rachadura que aparece em um dia nublado, permitindo a entrada dos raios do sol. Pessoas equilibradas sofrem menos, muito menos que outras, porque suas decisões são lúcidas, são muito pesadas, e esse potencial está agora em suas mãos.

Conclusão

Explicar a mente não é tarefa fácil, como sugeri no início deste livro. Se fosse possível explicar essa fabulosa faculdade humana, a imagem do circo seria a melhor metáfora. Como exemplifiquei, no centro do circo haveria uma enorme arena, palco do espetáculo da vida mental, que se desdobra para o único espectador: você. As luzes se acendem. Na arena, os holofotes iluminam um animador apresentador que tira a cartola e estende o braço. Ele coloca um lindo sorriso no rosto, leva o microfone à boca e, sorrindo, grita: "Abra as cortinas. Rolar os tambores... Entram as feras, as musas, os trapezistas, os músicos, os palhaços, o vidente, o malabarista e o mágico. Todos entram na arena. Respeitável público, o show está prestes a começar!" Nesse momento, o espectador, o único presente, levanta-se da cadeira e invade a arena. Ele avança, determinado a mudar o show. Seu andar é decisivo e seu olhar transmite a certeza e a segurança de quem sabe exatamente o que fazer.

Por muito tempo o espectadorera apenas isso, um espectador. Ele estava cansado de ficar parado, assistindo ao mesmo programa todas as manhãs. Ver a vida passar como um filme repetitivo que o enfraqueceu, drenou sua energia e matou seus sonhos. O espectador finalmente entendeu que era preciso mudar. Mudança era o que ele mais queria. Então ele se levantou. Ele decidiu enfrentar o medo e pela primeira vez decidiu dizer não.Ele pega o microfone da mão do apresentador e sobe ao palco. A luz que agora ilumina seu corpo não vem dos holofotes, é sua própria luz.

Sua voz antesembargada agora soa como um trovão. Então o espectador ordena: "Prendam as feras! Só os solte quando eu mandar." E segue: Musas, contenham seus desejos. Não deixe que os exageros da vaidade escravizem sua vida. Trapézios, cuidado com o salto. Você precisa calcular bem os riscos antes de saltar para o espaço. Palhaços, contenham suas risadas. O riso é fundamental, mas há muitas coisas que precisam ser levadas a sério. Vidente, fale menos do passado. Às vezes é melhor encontrar novas soluções para velhos problemas. Malabarista, use toda a sua habilidade, mas se concentre, faça um número de cada vez. Fazer tudo ao mesmo tempo alimenta o erro, e minha vida depende muito de você. Feiticeiro, todas as manhãs reveja meus planos, mostre-me as melhores perspectivas para o meu futuro. Renove meus sonhos, lembre-me das minhas qualidades, mostre-me como viver: um dia de cada vez. Sempre observe meus pensamentos e guarde o cérebro, com foco e disciplina. Respeitável público, preparem-se... O show vai começar!